殷中欣——

主编

课程的力量

中国人民大学出版社
·北京·

图书在版编目（CIP）数据

课程的力量／殷中欣主编 . -- 北京：中国人民大学出
版社，2023.4
ISBN 978 - 7 - 300 - 31386 - 3

Ⅰ. ①课… Ⅱ.①殷… Ⅲ①课程—教学研究—中学
Ⅳ.① G632.3

中国国家版本馆 CIP 数据核字（2023）第 013388 号

课程的力量

殷中欣　主编

Kecheng de Liliang

出版发行	中国人民大学出版社		
社　　址	北京中关村大街31号	**邮政编码**	100080
电　　话	010 - 62511242（总编室）		010 - 62511770（质管部）
	010 - 82501766（邮购部）		010 - 62514148（门市部）
	010 - 62515195（发行公司）		010 - 62515275（盗版举报）
网　　址	http://www.crup.com.cn		
经　　销	新华书店		
印　　刷	北京华宇信诺印刷有限公司		
开　　本	720 mm × 1000 mm　1/16	**版　　次**	2023 年 4 月第 1 版
印　　张	14.25　插页 1	**印　　次**	2023 年 4 月第 1 次印刷
字　　数	200 000	**定　　价**	68.00 元

本书编委会

主　编：殷中欣

编　委：马洁颖　王　旭　王忠莉　毕文凯　吴云丽
　　　　汪　花　张征宇　陈　佳　陈　岳　陈　跃
　　　　赵黎燕　姜　明　徐战军　殷中欣　崔京勇
　　　　檀　天（以姓氏笔画排序）

目　录

CONTENTS

第三辑　教与学

第四辑　组织结构与制度机制

第一辑

基于标准的学习

为理解而教

我曾翻阅过《追求理解的教学设计（第二版）》（以下简称《设计》），当时感觉晦涩难懂，就搁置下来。后来，学校倡导大家认真阅读这本书，于是重新捧起。不知是因为增加了两年的实践经验，还是因为顿悟，竟爱不释手。

一、通过教学设计，使学生真正理解学习的知识

本杰明·布鲁姆（Benjamin Bloom）指出："理解是通过有效应用、分析、综合、评价，来明智、恰当地整理事实和技巧的能力。"[①] 理解的目标，是利用已有内容生成或揭示一些有意义的事情 —— 利用记忆中已有的知识，去发掘事实和方法背后的东西，并谨慎地加以运用。

事实上，理解是关于知识迁移的。如果学生具备真正的理解能力，就能够将所学的知识迁移到新的情境中。

教学中，培养学生知识迁移的能力至关重要，但我总觉得心有余而力不足，总是找不到学生迁移能力的最近发展区。通过阅读这本书，我了解到，影响迁移能力发展的不仅仅是对事实的记忆或对固定流程的遵循，还有人们对知识的理解程度。灌输式学习，在短期内向学生灌输大量内容，

---

① 威金斯，麦克泰格.追求理解的教学设计：第二版 [M].闫寒冰，宋雪莲，赖平，译.上海：华东师范大学出版社，2017：41.

会阻碍他们学习，阻碍他们对知识的迁移。

读到这里，我教学中的很多谜团被解开了。比如，初二物理中的液体压强、液体压力、浮力等综合习题是难点，带任何一届学生，我都认真备课，准备学案，准备实验，搭建脚手架，抽丝剥茧地将问题层层深入地展开。

然而，事实却是，学生上课时"明白"了，但日后遇到类似的问题时，失分率还是很高。这说明学生并没有真正理解解答这些题的方法，并不能将老师讲解的知识迁移到新的问题情境中。

对此，我一直百思不解。阅读这本书后，我明白了问题的根源还是灌输式学习；我更多地从固定的教材、擅长的教法以及常见的活动，而不是从预期结果开始思考教学；我更多地关注自己的"教"，而不是学生的"学"。我应该更多地思考，为了达到学习目标学生需要什么。

为此，我们应以终为始，从学习结果开始逆向思考，设置清晰明了的学习目标和评估证据等。

二、围绕问题而不只是围绕练习进行设计

入职前，曾听到教授们感叹："许多中学老师只注重做题。"当时觉得不可思议，现在回顾自己的教学经历，再回想起这一观点，颇有感慨。

《设计》中提到，练习是脱离情境的直接执行过程；而问题表现的是内在需求，我们需要考虑身处情境中的学生所面临的诸多选择与挑战。真实的表现总是包含迁移的过程，即根据特定的挑战灵活运用知识和技能。解决问题需要先弄清楚学生在具体情境中的需求，这与学生只是面对高度结构化的、有正确答案的练习所做出的反应大不相同。迁移能力是理解的表现：在没有教师提示和提供线索的情况下，学生必须独立思考需

要哪些知识和技能来解决实际问题。

初三物理"组装电路"一节，学生如果能准确识别电路，将实物图转化为电路图，再根据电路图连出实物图，后面的学习就会水到渠成。以前，这节课的主要目标是让学生会做练习。在这一轮教学过程中，我的观念发生了改变，我认为目标应指向追求理解的教学。我通过表现性任务，要求学生根据实际情境搭建想要实现某些功能的电路结构。结果每位同学都跃跃欲试，认真思考并设计自己的电路结构。有的同学冥思苦想，连接好电路，闭合开关，灯却不亮，感觉有点儿沮丧。我帮他们分析原因，逐一排除故障。灯亮起来时，他们兴奋得像小学生。

这个内容如果每一个知识点都掰开了揉碎了讲，一节课的时间可能都不够用。然而，通过表现性任务驱动的方式，学生的积极性被充分调动起来，大家课上思考、谈论的都是如何在满足任务要求的同时让灯泡亮起来，有的同学提出了很有创造性的想法。结果，只用30分钟就完成了教学任务，学生还说："老师，我觉得电学挺简单的，比力学容易多了。"

这样的课堂才是能促使学生思考的课堂。我们要让学生思考真实问题，从而唤醒和激发学生理解，培养学生的知识迁移能力。

三、我们从来没有足够的时间来教授所有内容

《设计》一书第二章《理解"理解"》中说："所有教师在下课时都会想：'哦，要是时间再多一点就好了！这些内容只是沧海一粟。'我们从来都没有足够的时间来教授所有内容。""迁移必须作为学校所有教学的目标……因为在教学时，我们只能传授在整个学科中占小部分的样本。"

读到此处，我很惊讶：原来天下的老师都觉得自己的课时不够。

普天下的老师都觉得课时不够，恰恰说明我们的教学方式需要改变。

理解了迁移的重要性，我就尝试进行实操。每一节课，我都提炼一个核心概念。比如，"内能"这一节，我这样描述："机械能是宏观的，而内能是微观的。我们需要由宏观现象推导出微观结论。这种科学研究方法叫转换法。所以，'转换法'将贯穿本节课始终。"这一铺垫让学生明白了如何研究微观问题，而非单纯记住某个定理、规律。这样，今后遇到类似的问题时，即使情境陌生，但有方法论的指导，学生大多也能顺利解决问题。因为他们已经具备了知识迁移的能力。

《设计》一书打开了我的教育视野，让我理解了许多重要概念，比如"大概念""核心任务""追求理解的教学设计"等。在以后的教学中，我会继续钻研这本书，持续领悟。

》李静

单元任务设计让英语学习真实发生

突如其来的疫情让教学成为挑战。当距离被拉远时，教学效果自然而然成为教师很担心的问题。在看不见学生的情况下，我们该如何"抓住"学生，如何让学生学有所获？疫情带来的"云端教学"剥夺了那份守着学生抓落实的踏实感。反复思考后，我们决定放下焦虑。既然空间距离让我们失去了"盯着"学生"推轮子"的机会，那么，就为屏幕背后的学生装上"发动机"，让学生在高阶任务的驱动下，向着目标前进。

为激发学生的内动力，我们开展了"Fight the Virus, Pray for Wuhan"（战病毒，为武汉加油）的学科活动。我们鼓励学生以英语为工具，将对"战疫"英雄的崇敬、对武汉的关切、对祖国的祝福融入诗歌和海报中，增强其作为"世界公民"的责任感与使命感，使其成为心中有家国、眼中有世界的语言表达者。

一、团队组建及活动方案

为了使更多学生参与进来，我们对年级不同层次的学生进行了学情分析，并尽可能从学生的视角去考虑活动方案。

①活动应当适合全体学生参与。团队组建应体现分层次、个性化的特点。即让所有学生感觉"我"有实力、有能力参与本次活动。

②活动应当突出学生的主体地位，使学生感受到使命感。即让学生感

觉初一的"我"也肩负着"抗疫"的使命,"我"的努力很有价值和意义。

③活动应当尽可能给每一个学生提供展示才华的舞台。即让学生感觉"我"能够借助这个活动展现才华,并让大家看见。

④活动应当与英语学科教育相联系,借助各种资源,开阔学生的视界。即让学生感觉通过这次活动,"我"能够看到不一样的世界。

完成活动方案设计后,我们进行了学生动员,并邀请在各国留学的朋友加入顾问团队。仅一天,我们就成立了 63 人的 Fight the Virus(战病毒)团队。团队组成如图 1 所示。

图 1 Fight the Virus 团队组成示意图

根据活动目的和学情,我们将团队分为六个小组。诗歌组的成员为英语基础好,且热爱文学创作的学生。海报组不设门槛,凡是愿意参与英语海报创作的学生皆可参与。背景音乐组、后期视频制作组以及翻译组为学生提供了个性化的舞台,让学生能够发挥特长,展现才艺。每个小组都有特定的英语学习活动。

顾问团队的成员来自世界各地的知名高校,他们的加入有助于开阔学生视野,创造跨文化交流机会,并给予学生学术指导。按照各组的定位及学生情况,诗歌组顾问应具备良好的文学功底;海报组顾问应具备卓越的学术修养，对学生有引领作用，且具有亲和力；后期视频制作组顾问应具备视频剪辑的专业知识……综合考虑后，我们选择了五位朋友加入各小组，与学生交流。

团队组建完成后，大家运用所学知识及特长，制订了核心小组——诗歌组与海报组的周计划（见表 1、表 2）。

表 1　诗歌组周计划

时间	任务	注意事项
星期一	完成诗歌组动员及建群	
星期二	1. 学习诗歌创作 2. 每人根据主题至少完成一小段诗歌创作 主题：Fight the Virus 题目：Always with Me	诗歌提交时间为星期二晚上 9 点前，发至诗歌群即可
星期三	诗歌创作分享，修改 晚上 9 点召开小组讨论会	李同学、赵同学、张同学为各小组长，各小组作品提交时间为星期三下午 4 点半前
星期四	1. 上午 10∶30 召开语音短会，进行群内讨论，修改诗歌，确认最终版本 2. 顾问老师加入讨论，完善作品 3. 诗歌朗诵分工，各组员制作诗歌录制的 PPT	上午 10∶30 召开语音短会
星期五	1. 上午 8 点朗诵练习，纠正语音、语调 2. 诗歌朗诵视频录制，视频剪辑	视频的提交时间为星期五中午 12 点前

表2　海报组周计划

时间	任务	提交时间
星期一	完成海报组动员及建群，确认成员	
星期二	借助本周英语学习资源，收集整理海报制作的素材或笔记 海报主题：Fight the Virus 题目：Always with Me	素材提交时间为星期二晚上9点前，私信张颖南老师即可
星期三	海报创作 主题：Fight the Virus 题目：Always with Me 设计要求：内容充实、简练，色彩鲜明，有设计感	海报的提交时间为星期三晚上9点前，发至海报群中即可
星期四	1. 视频录制要求如下： 完成海报后请通过视频展示，并用两句话为武汉加油，为中国加油 语言：英语 服装：校服 时长：不超过10秒 2. 顾问团队点评作品	视频的提交时间为星期四晚上7点前

二、作品筹备

完成团队动员、建群及制订活动计划后，各组第二天进入作品筹备环节。

（一）诗歌组：与优秀的人对话，探寻语言的本质

诗歌组旨在以"Fight the Virus"为主题，完成一首英语诗歌创作。

诗歌组成员拥有较好的英语语言表达能力。我与顾问团队提前沟通了学情，并共同确定了诗歌组指导的关键：跨文化视角、英语思维方式、学术指导。

创作前，我用莎士比亚的一首十四行诗为例给予学生写作指导。当天晚上，学生纷纷在微信群里展示自己的作品。星期三，在交流、碰撞中，我们有了作品的雏形。这场诗歌之旅仿佛开启了学生自主学习的发动机，夜里 12 点两位学生还在就细节部分进行讨论。

星期四，王老师与马老师从诗歌意象入手与学生进行了讨论。他们就诗中"angels in white"这个意象发生了激烈争论。在中文语境中，"白衣天使"常常代表医务工作者的形象，所以学生将它翻译成"angels in white"。而从小在美国上学的马老师指出，在英文语境下，"angels in white"对人们来说是陌生的，建议将其替换为"warrior"。学生对这个建议不满意。后来，我们找到了一个方法：找两个国内外权威网站，在上面分别输入"白衣天使"和"angels in white"，然后比对搜索结果。在中文网站的搜索结果中出现了医务工作者的照片，而在外文网站中，搜索"angels in white"，出现更多的则是天使的形象，与医务工作者没有多少联系。

活动结束后，王同学写道："与老师讨论后，我发现英语学习不只是字、词、句的背诵，我们还需广泛阅读英语原著，以形成英语的思维方式。"多次修改作品后，学生完成了 PPT 的制作，并录制了朗诵视频。

（二）海报组：哈利·波特与"我"向往的远方

海报组是一个 34 人的大团队。海报组成员思维活跃，喜欢与人交流。他们成绩不拔尖，相对缺乏信心，学习内动力不足。我向顾问团队提前介绍了学生情况，并确立了指导原则：榜样引领、个性化辅导、鼓励为主。

创作海报前，学生搜集和整理素材。除了利用英语备课组提供的学习资源外，学生还在网上搜集了许多关于病毒的英文资料。整理好素材后，他们采用图文并茂的形式将有关疫情发生、发展及防御等内容展示出来。

星期四，顾问吴老师和张老师点评了学生制作的海报。点评时，他们抓住每个作品的特点，在群里与学生一对一交流。他们的鼓励极大地激发了学生的内动力。学生争先恐后地展示作品，畅谈想法。点评完学生的作品，张老师分享了他所在的华盛顿大学图书馆的照片。这座位于西雅图的图书馆，是《哈利·波特》系列电影的取景地之一。顿时，学生打开了话匣子。与顾问老师互动结束后，有个学生私信我："老师，去西雅图上学也是我的梦想。"一个平时对作业不太重视的学生告诉我："老师，我对我的作品不大满意，我觉得我可以做得更好。"

活动结束后，赵同学写道："与两位老师交流后，我的心情久久不能平静，我并不知道内心的这份波澜来自哪里，或许是因为发现从前认为遥不可及的'大咖'其实就是爱说爱笑的学长，更或许是因为发现原来生活真的不只是眼前的风景。"老师给予学生的不只是那么几句鼓励，他们在这些学生与其不敢期待的优秀之间建立起了一座桥梁。通过这座桥梁，学生仿佛看到了一个崭新的、充满无限希望的世界。他们发现，原来"我"离优秀并不遥远。

（三）翻译组：文化的桥梁

诗歌组与海报组完成作品后，后期视频制作组将大家的作品合成为一个五分钟的视频。顾问团队将视频发给了许多外国友人。第二天，团队便收到了一些外国友人的回复。一位美国友人写道："我真的被你们这么好的作品惊讶到了，你们应该百尺竿头更进一步。加油！加油！坚持下去！你们的文笔雄辩而优美，在这首诗里，你们带我走过了一段旅程。"翻译组的学生需将收到的反馈视频中的语言一一记录下来，再翻译成中文。翻译的过程更是一种跨文化交流。经过 12 个小时的"挣扎"后，小组成员成功把八分钟的视频翻译成了中文。

活动结束后，王同学写道："外国友人温暖的回复让我感受到，疫情当前，人类是一个命运共同体，抗击疫情是全球化背景下每个人的使命与担当。我们相信，没有一个冬天不可逾越，没有一个春天不会来临。"

三、思考与感悟

从组建团队到完成作品，我们仅用了一周时间。在完整版作品 *Fight the Virus: Pray for Wuhan* 发布后，学生积极地在各大网站上转发。看着他们激动的样子，我们有了一份掩饰不住的喜悦，同时，我们也感到好奇：到底是什么点燃了学生的学习热情？为了弄清楚这个问题，我们开始回想，在这次活动中，教师的角色定位是什么。

（一）活动前期是启发者

活动前期，教师提出想法，与学生沟通、碰撞，共同制订活动计划并实施。

（二）活动中是学术指导者、资源提供者与合作者

活动中，教师致力于为学生提供学习资源，帮助他们完成作品。教师注意了解学生的困难并与他们共同解决，一起把控活动进度。

（三）活动结束后是激励者

活动结束后，教师及时肯定学生的学习成果，组织学生固化学习成果，帮助他们获得成就感，让他们从学习成果中找到自信。

教师角色的转变，带来了学生的转变以及学习方式的转变。《追求理解的教学设计（第二版）》介绍了逆向设计。我们在以学生的学为导向的逆向设计中明确了师生共同的目标。在共同、清晰的目标下，教师与学生也由"管与被管""教与被教"走向合作。当学习真实发生时，学生变成了学习的主体、活动的主人。线上教学是挑战，也是机遇，它迫使我们去探索一种新的教与学的模式，让学生以独特的方式参与到社会大课堂中。在这样的学习之旅中，学生将知识转化为能力，并落实为核心素养。

》张颖南

主题意义引领下的单元驱动任务设计

一、应对挑战

在延期开学的背景下，如何实施英语教学，是每一位英语老师都要认真思考的问题。与学生见不到面，又不能时时掌握学生的学习状态，在这种情况下，如何转变观念，如何落实知识，都需要认真思考。思考、讨论后，老师们达成一致意见：要把这种特殊情况作为契机，以学科课程标准为依据，以主题意义为引领，以大概念、大单元、任务群教学为基本形式，突出基础、主干和核心课程内容，对教科书各单元或章节进行整合、重组，确保实现英语学科育人目标。

二、具体实践

在第六周的学习中，我们对《英语》七年级下册第一单元学习内容"描述你的能力，会做某事"和第九单元学习内容"描述人的外貌"进行了整合，设计了"人与自我"主题引领下的"我的社团之梦 —— 社团成员招募"任务。学生既可以作为社长招募成员，对成员的能力特质等提出要求，也可以向社团推荐自己。学生在完成任务的过程中，对"描述人的外貌和能力"的零碎知识点进行整合式学习，同时把"单纯的知识学习"转变成具有意义的知识学习，而且将通过知识学习而形成的能力自然而然地展现出来。

在第七周的学习中,我们把《英语》七年级下册第二单元的学习内容"时间表达法和日常作息描述"设计成"做健康作息达人"的任务。延期开学期间,学生的作息可能不规律,我们用这样的学习任务,帮助学生学习和理解健康的作息是怎样的、如何才能做到,以帮助学生建立"改变自己的不良作息习惯,养成健康、有规律的作息习惯"的意识。这样就对知识学习和学生的实际生活做了无缝连接。

在第八周的学习中,我们对《英语》七年级下册第四单元的学习内容"学校和家庭规则"进行了拓展,将视线切换到世界疫情上,设计了"Don't hang out without a mask!"(不要不戴口罩到处闲逛)的任务,让学生用自己的防疫规则警醒人们遵守规则、科学防疫。该任务体现了英语学习的工具性。

以上三个任务设计都是把知识嵌入真实情境中,以培养学生的综合能力,提升学生的英文素养。

三、意义总结

在设计任务的过程中,只有对零碎的知识点进行整合并赋予知识以意义,学生的学习内动力、动机和思维才能被开启,被激发,被撬动。只有这样,学生才会投入热情,真正融入学习过程。学生完成任务的过程,就是掌握知识、培养技能、提升素养的过程。如此,学校提出的"满足学生需求"的目标才能真正实现,学生才会有获得感、满足感和成就感。这样,学生才能感觉到学习是有意思、有意义、有挑战的。

四、理解感悟

（一）改变观念

我们要不断学习和创新，努力思考如何帮助学生把知识转换成技能，进而形成素养。目前，在英语教学方面，基于标准的学习、大单元学习任务设计都是实现这一目标的途径。在设计任务的实践过程中，我们要注重知识的学习和领悟，掌握大单元学习任务设计的特点，基于学生的学情和学习的真实性进行设计，并且不断推陈出新，形成自己的特色。

（二）转换角色

我们要不怕失败，勇于实践，把自己转换成学生的角色。在设计学习任务的过程中，要从学生的角度考虑设计是否真实。在具体实施的过程中，要思考不同层次的学生需要得到怎样的资源，我们所提供的资源、帮助和指导能否满足所有学生的需要。我们应致力于根据学生的学情，提供个别化的学习路径。这些就是我们要为学生搭建的台阶和脚手架。有了这些支撑，学生才会顺利完成任务，我们的目标才能实现。

》李金凤

《货郎图》的故事

一、背景介绍

"停课不停学"期间，初三年级历史学科正值紧张的第一轮复习。我精选了100道中国古代史选择题，发给学生用于巩固练习。

在本次练习中，第23题令多位学生折戟。本题考查"盛唐气象"相关知识，出自部编《历史》七年级下册第3课《盛唐气象》"多彩的文学艺术"这一节。题目如下。

> 唐代前期政治开明，经济发展，在民族关系、对外关系、科技文化等方面都有很大建树，呈现出繁荣、富强的盛唐气象。下列选项反映盛唐气象的是（　　　）。
> A.《清明上河图》
> B.《货郎图》
> C.敦煌莫高窟壁画《雨中耕作图》
> D.《前门街市图》

本题正确选项为C，我的一个教学班的正确率仅为46.67%。没人选A，选B的比例为40%，选D的比例为13.33%。

通过数据分析可以看出：①部分学生对课标中"盛唐气象"的表现这部分知识掌握得不牢固；②学生对《清明上河图》这一北宋名画比较了解，

而对《货郎图》《雨中耕作图》和《前门街市图》则比较陌生；③部分学生从画作中提取相关信息并进行推理判断的能力不足。

这些数据令我反思，不能单纯地告诉学生这几幅画作分别是什么时期的，否则下次碰到相似的题目时学生照样不会。应该让学生运用知识对这几幅画进行仔细辨析 —— 要培养学生的思维能力，而不只是记忆力。

二、教师的教与学生的学

（一）常规教学 —— 答疑解惑

对北京的学生而言，这道题中的前门大街非常熟悉。北京是明清时期的政治中心，前门大街也正是在明清时期发展为商业中心的，因此，学生大概可以判断出《前门街市图》创作于明清时期。真正有难度的是判断《货郎图》的创作时间。我了解到，回答正确的学生应用的是唐宋城市布局变化的知识点：唐朝实行严格的坊（住宅区）、市（交易区）分离制度，宋朝打破了商业行为在空间上的限制。通过观察《货郎图》描绘的场景，我们可以发现货郎挑着扁担走街串巷，没有固定的场所，因此可以推断该画作应当创作于宋朝。我与这些学生的观点不谋而合。于是，我分别与几位学生进行一对一答疑解惑，引导他们运用所学知识解决实际问题。至此，教学目标看起来实现了。

（二）教学反思 —— 质疑批判

因为对《货郎图》了解不多，在对学生进行一对一辅导后，我又仔细查阅了《货郎图》的相关信息。然而我发现，网络上是这样介绍《货郎图》的——"全图描绘了老货郎挑担将至村头，众多妇女儿童争购围观的热闹场面""《货郎图》就是李嵩描写农村生活的风俗画，反映了劳动人民喜欢的故事"，等等。其中"村头""农村生活"等词语让我感到惊诧。我又仔细观察《货郎图》中的细节，发现图画右侧一角绘有一棵老树，树下寥寥几笔似是草坡，整个场景的确更像是农村生活场景。通过查阅更多资料后，我更加确定了这一发现的可靠性。此前，解题的关键是运用了唐宋时期城市布局变化这一知识点，可是《货郎图》这幅画中的场景是农村，似乎无法用这个知识点进行解释。这样一来，之前的教与学都要被推翻。

陷入纠结后，我查阅资料，从源头思考，围绕《货郎图》是否可能为唐朝画作，试图回答两个问题：①唐朝时期的农村是否可能出现货郎沿村叫卖的情景？②唐宋绘画风格有何不同？唐朝是否可能有描绘货郎等社会底层人物的风俗画？同时，我将这两个问题作为探究任务与学生共享。

经过辛苦查阅资料与讨论，学生得出了两个结论：①货郎早在唐朝以前就有；②《货郎图》中描绘的是乡村，此前的解题过程要被推翻。大家都陷入纠结。在已知《货郎图》创作于宋朝的情况下，围绕如何论证《货郎图》创作于宋朝而非唐朝，大家进行了一系列设想与讨论。例如，通过纸币产生的时期判断，宋朝出现了纸币，纸币便于携带，于是出现了走街串巷的货郎。但这一设想很快就被推翻，因为查阅资料发现，当时纸币面额很大，不是货郎群体所使用的。再如，通过落款判断，但因无法看清落款具体内容而搁置。有人提出可以通过绘画风格进行判断。于是，大家又查阅了有关唐宋绘画的相关资料，对《货郎图》的剖析也更加深入，但因资料比较杂乱，没有形成清晰的结论。

在围观过程中，我发现学生的思考不断加深。于是，我将搜集到的学术论文等资料发给学生，并引导学生学会使用学术类网络平台，告诉他们探究任务时不可只依赖一般的网络介绍，要更注重资料的学术性与专业性。

（三）教学升华 —— 生成思维能力

我们对这一问题继续进行讨论。课堂讨论从学生在学术论文中获得了哪些信息开始。大家发现，《货郎图》在绘画题材上属于风俗画。风俗画历史比较久远，早在汉代画像砖上就有。两晋南北朝时期有风俗画传世。唐朝有体现风俗的人物画，但画中更多的是宫廷人物与宗教人物，表现农家劳作的画作较少。宋朝是风俗画发展的高峰期，以反映市井田间百姓风俗为主。基于这一信息，再观察《货郎图》的场景，基本可以得出结论：《货郎图》应当创作于宋朝，而非唐朝。

答案已呼之欲出，然而，学习并未就此结束，学生更深入地探讨了为何宋朝是风俗画发展的高峰期。讨论涉及重文轻武的国策、南宋特殊的社会环境、商品经济的发展、儒释道思想的交融等政治、经济、思想文化等方面。这些大多是初中学的内容，也有一些到高中才会涉及的知识。大家发现，原来学过的知识不仅仅是知识，更是解决实际问题的工具。

我趁热打铁，请学生聊一聊对这道题的探究对历史学习有哪些启发。学生说："不能把思维局限住了，要多想一想。""思考问题的角度不一样，结果可能就不一样。""思维应该更严谨一些，不能被自己已知的东西局限住，要学会质疑。""自己感觉是对的，未必是对的。比如唐朝有没有货郎，这个要用证据来证明。"

学生的"七嘴八舌"让我感受到他们的思想发生了变化。我又进一步提问：历史学习中获得的这种素养，在现实生活中可能会在哪些情境中体现出来？他们说："就比如说，对现在的疫情，网上说什么的都有。我们在不了解事情真相的时候，不能人云亦云，自己说出来的一些言论要有证据。""不要轻易被一些言论鼓动，要有自己的思考。""凡事没到最后一刻可能都会有变化，不要急于下结论，等等真相再说话。""不光是面对疫情，我觉得在别的事上也可以这样思考，比如应该有探究精神，要多去挖掘内涵。最好能跟学过的知识相联系，学会联想和运用。"

三、学生的感悟

课堂是学生思维生长的地方，学生的收获与感受是衡量课堂教学效果的重要标志。应让教育真实地发生在每一位学生身上，让学生既有发现问题的眼光，又有解决问题的能力。

一场疫情，过分恐慌者大有人在。灾难面前，谁能站在理性的制高点，在人云亦云的洪流中始终保持清醒？怀疑、批判、分析、实证，所有这些代表独立思考精神的能力与品质，都在此时绽放光芒。

下面引用几位学生的体会：

这道题要求我们判断古画的创作朝代，老师提出了一个问题：如何在不知道《货郎图》是宋代作品的情况下判断它的朝代。我们最先是从答案去反推依据，从画的内容，也就是货郎入手。但查阅资料后发现货郎在很早的时候就出现了。这时有同学提出可以从画法和画风入手来分析这个图。由于对这个方面并不熟悉，我们就去网上查了一些资料。一开始我直接把一篇文章全部复制下来。对此，老师建议我整理一下，用自己的话说出来。在整理的过程中，我们参考了老师提供的一些专业资料，然后展开讨论，终于搞明白了。这次活动让我明白了学习历史不能局限于课本，也不能光明白一个事物的表层，还应该了解事物背后所隐藏的东西。我们的思维要开阔、活跃，不能局限在固定模式里。我认为历史并不是一个只能靠死记硬背的科目，每一个历史事件或事物的背后都有很多有意思的内容等待我们去发掘。

—— 张同学

疫情期间，隔离在家，并没有对我们的学习造成很大影响，因为老师们想出各种办法尽量让我们像线下一样学习。历史学科就有一些思考性的活动。比如，我们在线举行了一场讨论会，是关于《货郎图》的创作朝代的。我们针对的只是一道选择题，每个人都凭自己背过的历史资料回答，但陈老师带领我们从题目出发，分析《货郎图》的细节，查阅背景资料，再结合历史课本中的基础知识作答。这次有关《货郎图》的讨论，让我知道了学习不只是单纯地学会知识，更要学会学习、分析的方法。做题不能纯靠背，要仔细从题目入手进行分析。

—— 樊同学

在讨论的过程中，我体会到了团队的力量。集思广益的探讨，锻炼了同学们的思考能力，同时也增长了我的见闻。我还学习到了一些查课外资料和拓宽眼界的方法。学无止境，我们要主动地学习一些课外知识。只有这样，我们才能更加客观、全面地看待事物。还有就是不能片面地只从一个角度去看待事物。就像这次疫情，不能轻易相信甚至传播一些没有事实依据的言论，要多方面地、有根据地看待疫情。

—— 黄同学

讨论如何从《货郎图》中找寻创作朝代的特点时，我发现许多方面可以深入研究，如宋代绘画的手法及主题。这次与同学、老师从一道历史题出发，一起讨论《货郎图》，我得到了学习要"求甚解"的启示。

—— 徐同学

探究一件事时，不能只结合学科知识，还要多方面了解；不能拘泥于书本。

——夏同学

》陈佳

基于标准的书法课程教学

在课堂中逐步实践、改进"基于标准的学习",我有了一些体会。如何把学生变成课堂的主人?我愿意把自己在书法课堂上的探索分享给大家。使学生对书法学习产生持续的热情,使书法融入学生的生活,或与其他科目、领域相联系,让学生形成对知识的迁移能力,是我校书法课程的重要目标。

目前,书法校本课程没有课标和教材,缺乏系统性和长远性。所以,我们急需转变思路,为学生提供各种合适的校本工具、校本教材资源,并结合学生的能力来制定合适的学习目标、较为完善的书法学习体系以及学习评价量规。

一、向追求理解的教学设计转变

究竟什么是追求理解的教学设计?应该是学生能解释、能阐明、能应用、能洞察、能神入、能自知的设计。传统的教学设计以教师为主,是围绕教师的"教"进行的:教师讲解,然后让学生归纳总结,然后引导学生暴露问题、解决问题。这时暴露的问题往往是教师已经设定好的情境下学生的问题,而且往往是单个问题。解决的问题往往只是单个问题,学生不能举一反三,不能融会贯通。

追求理解的教学设计,是围绕学生的"学"进行的。首先学生合作自主学习，总结归纳，然后教师辅助，继而学生暴露问题。这时暴露的问题多是学生在真实学习过程中出现的问题，而后学生自己解决（教师辅助）。因为每个学生暴露的问题不同，在学生共同努力解决问题的过程中，他们其实是在举一反三，迁移应用并融汇知识。这样的学习才能真正激发学生的内驱力。

二、追求理解的教学设计的实践

下面具体说明追求理解的教学设计是怎样从教师的"教"转变为学生的"学"的。以"篆书创作"单元为例，传统的教学设计一般都是教师讲 20 分钟，学生实操 20 分钟。在 20 分钟内讲清楚篆书的特点、笔画、结构本来就很难，学生又总是催促要实操。在接触追求理解的教学设计后，我尝试转变教学设计思路。在我讲的 20 分钟里想办法让学充分生参与，让学生成为主体。学生参与了，我讲的内容他们可能就会记住百分之八九十，甚至更多。

必须先思考清楚本单元的核心问题是什么。核心问题是对课程核心内容的转化，应当具备深度育人价值，且有助于学生主动思考，从而有助于促进学生元认知的发展，深化学生对知识的理解，使学生通向持久理解。针对本单元，我设计的核心问题是"如何有效地认识篆书并进行创作"。要解决这个核心问题，就得设计相应的任务或项目让学生去完成。我设计了两个核心任务：任务 A 是根据总结出的篆书笔顺、笔画和结构特性准确地写出 2—4 个篆体字；任务 B 是根据已掌握的篆书笔顺、笔画和结构特点创作一幅篆书作品。我又设计了五个子任务（见表 3）来帮助学生解决问题。子任务 1—4 对应任务 A，子任务 5 对应任务 B。

表3 五个子任务

子任务1	根据笔顺口诀试着写写篆体字（1课时）
子任务2	对着楷书找出相应篆书，找出这些字共有的笔画（1课时）
子任务3	根据楷书写出篆书，提取出它们共通的结构（2课时）
子任务4	根据总结出的篆书笔顺、笔画和结构特性准确地写出2—4个篆体字(2课时)
子任务5	根据已掌握的篆书笔顺、笔画和结构特点创作一幅篆书作品（诗歌、成语、集字均可，要求自创）（3—4课时）

　　学生完成核心任务A后，可以根据评价量规（见表4）诊断自己的水平，弄清之后进步的方向。此量规针对子任务1—4，分为笔顺、笔画、结构、整体美感四个维度，每个维度又分为领悟、理解、了解三个层级。

表4 关于子任务1—4的评价量规

层级 维度	领悟	理解	了解
笔顺	掌握篆书笔顺，所有笔顺均正确	笔顺基本正确	只有个别笔顺正确
笔画	掌握篆书笔画的基本书写方法——横平竖直、圆劲均匀、粗细一致，行笔如行云流水	掌握篆书基本笔画的基本书写方法——横平竖直、粗细一致，行笔顺畅	掌握篆书部分笔画的基本书写方法——横平竖直，粗细不一，行笔不畅
结构	符合篆书的结体原则和基本的布局要求；字形长方，上下、左右对称，上紧下松，符合篆书所有结构特点	符合篆书的结体原则和基本的布局要求；字形长方，上下、左右对称，上紧下松，符合个别结构特点	基本符合篆书的结体原则和基本的布局要求；字形长方

（续表）

层级 维度	领悟	理解	了解
整体 美感	整体美观，整齐；从作品中看出对篆书有比较深的认识和理解，结合落款和印章形成完整的作品；可以进行篆书创作	整体整齐；从作品中看出对篆书有初步认识和理解，结合落款和印章形成完整的作品；还应对篆书进行更多练习	从作品中看出对篆书有一些了解，可以进一步运用资源和工具对篆书进行深层理解

教师可以鼓励已展示自己作品的学生根据量规自评。每组由一位学生结合本单元的知识点讲解自己的作品，也可以从书法艺术的实用性、对书法艺术的开拓创新、对传统文化的传承等方面进行阐述。教师也可以鼓励学生互评。学生选择展示板上的作品根据量规进行点评，从笔顺是否恰当、笔画是否合理、字的结构章法是否美观、是否具有整体美感等方面给出评价。教师还可以自己逐个讲评学生的作品，对学生的实践过程、实践方法、想法、创意和作品整体效果进行评价。

下面是某学生对自己作品的评价：

1. 笔顺：掌握了篆书笔顺，所有笔顺均正确。

2. 笔画：掌握了篆书笔画的基本书写方法，横平竖直，圆劲均匀，粗细一致，行笔如行云流水。

3. 结构：符合篆书的结体原则和基本的布局要求；字形长方，上下、左右对称，上紧下松，符合篆书所有结构特点。

从他的作品（见图2）中能看出，他达到了"领悟"层级。

图 2　学生作品 1

完成子任务 1—4 后，我要求学生总结经验并挑战子任务 5，也就是核心任务 B：根据已掌握的篆书笔顺、笔画和结构特点创作一幅篆书作品。我先跟学生一起鉴赏大量名家篆书作品，并给出了评价量规（见表 5）。量规分为构图、笔画、结构、整体美感四个维度，每个维度又分为三个层级 —— 大师、书匠、学徒。学生可以根据此量规进行自评、互评。教师也可以据此对学生作品进行评价。

表 5　关于子任务 5 的评价量规

层级＼维度	大师	书匠	学徒
构图	构图稳定，符合视觉审美，有舒适感，恰当地运用对称、黄金分割、三七定律等构图原则	画面稳定，大致符合视觉习惯，有舒适感，部分运用对称、黄金分割、三七定律等构图原则	画面基本符合视觉习惯，有舒适感；至少运用一种构图原则
笔画	掌握篆书笔画的基本书写方法 —— 横平竖直、圆劲均匀、粗细一致，行笔如行云流水	掌握篆书基本笔画的基本书写方法 —— 横平竖直、粗细一致，行笔顺畅	掌握篆书部分笔画的基本书写方法 —— 横平竖直、粗细不一，行笔不畅

（续表）

层级 维度	大师	书匠	学徒
结构	符合篆书的结体原则和基本的布局要求；字形长方，上下、左右对称，上紧下松，符合篆书所有结构特点	符合篆书的结体原则和基本的布局要求；字形长方，上下、左右对称，上紧下松，符合个别结构特点	基本符合篆书的结体原则和基本的布局要求；字形长方
整体 美感	整体美观、完整；从作品中看出对篆书有比较深的认识和理解，结合落款和印章形成完整的作品；可以进行篆书创作	整体整齐；从作品中看出对篆书有初步认识和理解，结合落款和印章形成完整的作品；还应对篆书进行更多练习	从作品中看出对篆书有一些了解，可以进一步运用资源和工具对篆书进行深层理解

　　下面我们来看看学生在完成整个单元任务中的表现。以下两位同学的水平（见图3、图4）都达到了"大师"级别，他们的作品构图稳定，符合视觉审美，有舒适感，恰当地运用了对称、黄金分割、三七定律等构图原则。他们掌握了篆书笔画的基本书写方法 —— 横平竖直、圆劲均匀、

图3　学生作品2

图4　学生作品3

粗细一致，行笔如行云流水；理解了篆书的结体原则和基本的布局要求作品字形长方，上下、左右对称，上紧下松，符合篆书所有结构特点；整体美观、完整，从作品中能看出，他们对篆书有比较深的认识和理解，结合落款和印章，形成了完整的作品。

学生是主导者的时候，会主动去承担相应的责任，从以前被动接受知识转变为自主探索知识，这样一来，培养创新意识、自主意识便不再是空话。学生有了内驱力，能够借助工具和资源与同伴共同完成学习任务，完成后可以给他的生活带来改变，或者让他在别的学习领域举一反三、融会贯通，这样本单元的设计就是成功的。

教师应提交完善的课程计划，在学生选课时给予针对性指导；应联合年级做好相关的书法教研活动，构建合理的跨学科学习计划。例如，用书法比赛来激发学生的自主学习热情，将优秀作品在校园内或校外展厅进行展示；举办国学、传统文化、中国书画的宣讲等。

在课堂中，教师应保证大多数学生都参与到每个环节中。比如，为学生设计多层次的学习任务，提供丰富的工具以及资源包，退到"二线"；多为学生创造自学的条件等，把课堂交给学生。教师应努力帮助学生更好地实现自我成长。我们通过在校园里悬挂优秀的书法作品进行展示，开展社团活动和作品义卖有收益等激发学生的学习内驱力，将书法学习融入学生的日常生活。总之，我们努力为学生塑造完善的书法学习环境，以培养学生自主学习的习惯。

》许潇

作文指导，从"教"到"学"

　　王老师，这是我家孩子写的小说《重生》。写完后他和我聊了一晚上，他说，如果没有您的引导，他无法写出这样的文字。他总忘不了拉着您帮他一点点改作文的日子，总想发给您看看。不知道他发了没有，我实在憋不住了，赶紧发给您，请您看看您的门生是不是长大了。谢谢。——李同学妈妈

早上 8 点多，我收到了上面这条信息，这是 2019 届毕业生李同学的妈妈发给我的。这天正好是谷雨，收到这样一份特殊的礼物，我思绪万千。从 2016 年 7 月到 2019 年 7 月，学校经历了向选课走班育人模式的初步转型，我个人也发生了巨大变化。单就作文教学来说，从"教"走向"学"的改变，各种训练的用心设计，学生从"发怵"到"喜欢"的感受，能让我说上三天三夜。此刻，读着这条短信，我陷入思考：是什么让学生对写作文的态度有了这么大的改变？学生改作文上瘾，甚至放学后拉着老师不让回家，这样的事情在以前是想都不敢想的。

一、一次痛苦的经历

改变还要从一节作文讲评课说起。那天讲评《坚持正当时》，超过三分之二的人写的是跑步，可是大部分篇幅都在写自己难受，有关"坚持"

的内容大多一带而过。我花了很大力气把学生作文里写到的难受和坚持的表现分为三个梯度，帮学生梳理成一个表格，将他们跑步时嗓子、肺、腿等的感受和努力时甩臂、咬牙、抬腿等动作都列了出来。果然，学生此后交来的习作内容丰富了很多，也都突出了"坚持"。欣慰和得意之余，我发现李同学没有交作文，我问他有什么难处，他只是说"不会写"。我有些不解和失落。课间听到张同学跟孙同学说："下午的作文课可真烦，我都快睡着了。"内心的热情顿时降到冰点：怎么会这样？学生作文的改变已经有了如此成效，他们怎么一点儿都不兴奋、不买账？

我陷入沉思：没有成效，学生不喜欢很正常；给了方法却还不会、有成效却不喜欢，这就反常了。为什么呢？这时，李希贵校长的《把成功设计成一种危机》给我带来了启发。文中指出，失去了对学生真情实感的尊重，不顾说真话、抒真情的语文教学规律，不是真正的成功。我把写作文当成解数学题，学生喜欢才怪呢！我的方向错了，越努力只怕错得越离谱啊！不应该将一套固化的方法应用到不同的个体身上。我至今一直记得李同学那倔强的眼神和张同学打瞌睡的样子，他们不断鞭策我思考，怎样做才能够让学生对写作文有兴趣、有信心。选课走班倒逼我们做出改变：不仅要考虑教师怎么教，更应该关注学生怎么学，研究学生为什么不会和怎么才会。

以前的指导较空泛，给些"描写不生动""内容不具体""详略不当"等评语，缺乏细致指导；提供范文让学生模仿，大多也只说"看看人家，多有感情，多生动形象"，可是人家是怎么做到有感情的、是怎么生动形象的，却说得笼统。学生其实知道自己在哪些地方存在问题，只是不知道怎么生动描写、怎么把重点写得具体，也不知道怎么把内心的感受写出来……于是，我便找学生聊天，分析他们的作业，聚焦问题背后的原因，关注写作的难点；分析他们为什么观察不到某个特点，引导他们思考为什么写的是真事，看起来却很假……关注学生的学习不能仅仅看成绩，不能包办，不能单纯灌输，应该激发学生的想象力和观察力。李希贵校长说："什么时候孩子们在我们的课堂上学会独立思考了，什么时候孩子们能够探寻属于自己的答案了，我们的教育也就成功了。"

二、以目标为导向的语文教学

这里总结了两条方法，用来完成目标化语文教学。

（一）目标化语文教学要着眼于拓宽视野

学生缺乏的往往是用心观察，或者说他们只进行了生活中一般性的观察，没有做写文章的观察，所以只能写得笼统而空泛。应发现学生的需求、兴奋点、痛点，关注和了解他们的想法、情绪和感受，激发他们的写作欲望。应练眼力，即训练学生的观察能力，让他们知道借助哪些要素可以快速而准确地抓住人物或景物的特点；应练脑力，即训练学生的思维能力，让他们知道怎样把握情感基调，提炼深刻的主题；应练笔力，即训练学生的表达能力，让他们知道如何恰当选择词语、句式、写作手法，使文字或生动或深刻……

比如，"描写训练营"里人物类、风景类、友情类、亲情类照片描写；"吃货联盟"里让学生先体验再动笔；在游学、狂欢节、攀岩等活动中引导学生认真观察后再练笔。再比如，"搭对车训练"，让学生仿照"熨平心灵的褶皱"，做创意表达。于是，学生写出了"心灵的锁锈住了""惊喜如光，猝不及防"等让人眼前一亮的句子。这种具体的训练，聚焦小问题，实现小目标，有利于学生写作水平的提高。

春日将至，万物复苏。一抹绿色显现……柳枝尽力在城市这灰白单调的色块上画上一笔翠绿，阳光透过它可爱而又渺小的身体，那叶片竟然透明起来！（李同学）

上面这段文字是李同学在初二时的一次常规练习中写的。这时，他已经有了不小的进步。

经过两个月的训练，在一次写作训练课上，学生们不假思索就提起笔来，对着一幅内容丰富的景物图片大写特写。可要写得有水平，恐怕没有那么简单。我问他们："这么多内容，你想好写作顺序了吗？乍一看的感觉和你打算取舍的景物特点是统一的吗？你注意到斑驳的墙壁、水中的倒影等细节了吗？还有，你有没有考虑用想象和联想、长短句、多感官等来表达情感？"应拓宽视野，引导学生关注生活来拓宽写作视野。

（二）目标化语文教学要致力于挖掘思维深度

"一模"后，林同学拿着他的作文《似简而深》找到我，询问修改意见。这篇作文选材新颖，感情真挚，但结尾的扣题、点题逻辑性不强，不够深刻。他有些疑惑："结尾也注意点题了，怎么才能做到深刻、感人呢？"的确，这是学生的难题，不像描写训练那样，经过提示、追问，学生往往就有了思路。我让他先自己修改。如果感觉实在有难度，可以找同学一起讨论。后来他交来了修改稿。

文章原稿的结尾如下：

她老了，真真切切、彻彻底底地老了。她无处安放的母爱，只好安放在蚕上。年与时驰，她往日里的母爱已随岁月流逝，我才知道她简单的藏起来的母爱是那么深沉，如今我要小心地珍惜。

他和几个同学讨论后的修改稿如下：

> 她老了，真真切切、彻彻底底地老了。如今爱在何处呢？也许啊，它化作了清晨厨房飘来的饭香，化作了一杯甜甜的橙汁。母亲将这些爱，藏在一个个简单的日常场景中，只是我年少轻狂，在这般母爱中成长却从未发觉罢了。瞬间，我眼前一片朦胧。妈妈，感谢您看似简单的照顾和陪伴，今后余生，我定要回报您的"三春晖"。

修改稿增加了母爱的具体表现、自己的深刻反思、感动和感恩的内容。学生自己改，同学间互相改，既修改了文字，又反思了生活。我也出示了我的修改稿：

> 她老了，真真切切、彻彻底底地老了。但是，爱还在吗？也许啊，它化作了清晨厨房飘来的饭香，化作了一杯甜甜的橙汁。母亲将这些爱，藏在一个个简单的日常场景中，只是我年少轻狂，在这般细微而无处不在的母爱中成长却从未发觉罢了。瞬间，我眼前一片朦胧。曾经的埋怨和不理解，变成了此刻的惭愧和感动。妈妈，感谢您看似简单的照顾和陪伴，感谢您深沉和包容的爱，今后余生，我定要回报您的"三春晖"。

我也交流了这样修改的想法：为什么这里增加了母爱的特征，那里要注重逻辑、点题扣题；润色时要考虑什么，等等。我还提出一个问题："为什么不直接描写母亲的关爱呢？"这让学生注意到母子关系的特点。孩子正值青春期，母子关系微妙、紧张，儿子能够体会到母亲对自己成绩的失望，因此对悉心照顾自己的母亲心怀愧疚，但又有点儿任性……母亲此时内心也很矛盾——即有不想引起孩子不快的迁就和谨慎，又有爱孩子虽不求回报却不被理解的失落……课堂上，看到学生踊跃参与讨论，我特别欣慰。他们能体察到这么细微的情绪和情感，会联系自己的生活和感受，而他们的性格和家庭背景等各不相同，表达自然就会千差万别。从这个鲜活的事例中学生学会了感知情绪、解读生活的方法和路径，看问题更深入了。

这时，我又出示了林同学原稿中的一段以及我修改的版本。这一段底色很好，也可以做结尾。

原稿如下：

年与时驰，她往日里的母爱已随岁月流逝，我才知道她简单的藏起来的母爱是那么深沉，如今我要小心地珍惜。

我的修改稿如下：

年与时驰，她往日里的美丽已随岁月流逝，但是那深沉的爱却如影相随，陪伴我十五年。冰心说："母亲呵！撇开你的忧愁，容我沉醉在你的怀里，只有你是我灵魂的安顿。"我沉醉在您温暖的关怀中，感受着简单普通却深沉浓厚的爱。

教学中，我们不应只告诉学生目标和结果，而应从学生的需要出发，想其所想，感其所难，解其所惑，注重学生思维的展现和情感的体验，抽丝剥茧，循序渐进，环环相扣，层层推进；应结合学生的知识储备、情感基础、思维能力等，陪伴在学生身边，给他们提供切实的帮助。总之，挖掘学生思维的深度需要揣摩学生的所思所想，按照学生的特点量体裁衣地设计，并且在实施时随时因学生而改变。

》王涛

要参加中考第二次外语听力和口语考试吗

一、背景数据

北京 2018 年新中考政策规定，外语采用笔试、听力和口语考试的方式。听力和口语考试与笔试分开考，笔试时长 90 分钟，听力和口语考试时长 30 分钟。学生有两次听力和口语考试机会。外语分值为 100 分，其中笔试分值 60 分，听力和口语考试分值 40 分。该办法在《北京市初中学业水平考试实施办法》中得到延续。

近三年，很多学校普遍的做法是要求第一次考试没得满分的学生参加第二次考试，追求满分的理由是"一分一操场"。这种做法对吗？学生有没有必要参加第二次考试？我对学校 2018 — 2020 年听力和口语考试数据进行了分析。

2018 — 2020 年，学校 60% 以上的学生参加了第二次考试，平均参加率为 70.57%，占比很高。分数提升人数占参加人数的 42.37%，分数不变和下降人数占 57.63%。

我们从分数的维度分析了学生学习的投入和产出效益，分数提升为有效，提升 5 分以上为高效，提升 3 — 4 分为中效，提升 1 — 2 分为低效，保持或下降为无效。

结果显示，57.63% 的学生参加第二次考试是无效的，浪费了时间和精力，因此没必要参加第二次考试。

那么，哪些同学应该参加第二次考试呢？

在成绩提升的学生中，7.2%是高效的，24.8%是中效的，68%是低效的，低效的学生也可以不参加第二次考试。

结果显示，第一次考试成绩为30—34分的学生在第二次考试中提升人数最多、占比最大、提升幅度最大。其中提升1—2分、3—4分、5分以上者分别占到这三个提分人数的16.47%、48.39%、66.67%。

在第二次考试中提升1—2分的学生，第一次考试成绩为35—37分的占27.06%，第一次成绩为38—39分的占52.94%。

在第二次考试中提升3—4分的同学，第一次考试成绩为30—34分的占48.39%，第一次成绩为35—37分的占32.26%。

在第二次考试中提升5分以上的同学，第一次考试成绩为30—34分的占66.67%。

第二次考试取得满分的同学中，第一次考试成绩是38—39的占88.37%。第一次成绩是38—39分的同学共有116名，其中第二次考满分的有38名，占32.76%。并不是第一次得了38—39分，第二次就一定能拿满分，其中只有约三分之一的学生可以拿到满分。

二、结论与思考

（一）结论

1. 什么样的学生可以参加第二次考试？

57.63%的学生参加第二次考试是无效的，因此没必要参加。

42.37%的学生参加第二次考试是有效的，但其中68%只提升了1—2分，是低效的，因此他们也可以不参加；只有其中32%的高效、中效学生可以参加。

2.哪些同学参加第二次考试的效益高？哪些同学效益一般？

第一次成绩在 29 分以下的占第二次成绩提升人数的比例为 9.6%，占比低，收效一般，应慎重选择参加。

第一次成绩在 30 — 37 分的占第二次成绩提升人数的比例为 54.4%，占比高，收效较高，应是选择参加的主力。

第一次成绩在 38 — 39 分的提升空间只有 1 — 2 分，收效一般，应慎重选择参加。

（二）思考

1.应加强指导

学生的学习成绩有高原现象，即成绩达到一定高度时，在一段时间内很难再提高。在高原期的投入，很可能是无效或低效的。

要指导学生寻找最佳增值点，提高投入时间和精力所产生的效益。家长希望孩子得满分，学生也希望得满分，教师也希望得满分，学校也希望得满分。希望要有依据，要科学研判，不能被"一分一操场"的话误导。家长、学生可以这样说，教师、学校也这样说就不专业了。

2.形成战略性思维

如果把中考取得好成绩，升入优质高中作为战略目标，那么听力和口语考试成绩只是战略中的一个点。应该整体布局，合理分配时间和精力，使学习效益最大化。

准备第二次听力和口语考试大约有 3 个月时间，用 3 个月时间提高一两分，投入多，产出少。假如把这 3 个月的时间和精力投入外语笔试上，收效可能更高。假如把这 3 个月的时间和精力投入其他学科的学习上呢？假如把这 3 个月的时间和精力投入最佳增值点上呢？

3. 还有类似英语第二次听力和口语考试的情况吗

期中考试为什么用两天？我们知道，学生考试前的学习效率最高。如果把期中考试作为学生学习的过程，而不是为了完成一项工作，完全可以拉长考试时间，一天考一门，上午复习，下午考试。

》贾茹

学校转型的初步实践与思考

2018 年 12 月 21 日，学校第八届第三次教职工代表大会表决通过了《北京十一实验中学行动纲要》，它的起草、修订工作历时 18 个月，整个过程带给我的感受深刻，留给我的思考良多。

下面，就以这项工作为例，介绍一所老校转型的初步实践与思考。主要谈谈我思考和解决的三个问题。

一、转型从什么开始

2016 年 7 月 12 日，原北京市海淀区太平路中学改由北京市十一学校（以下简称"十一学校"）承办，更名为"北京十一实验中学"（以下简称"十一实验中学"），开始向十一学校育人模式转型。肩负推动学校转型的使命，我从十一学校来到十一实验中学做执行校长。学校转型从什么开始是我遇到的首要问题，也是我要解决的当务之急。我首先想到的就是用好《北京市十一学校行动纲要》（以下简称《十一学校行动纲要》），在适当的时间推出《北京十一实验中学行动纲要》（以下简称《行动纲要》）。

行动纲要是学校办学的纲领性文件，是学校今后一段时间工作的总纲，是学校面向未来一个时期的行动纲领。它在继承学校原有文化与价值观的基础上，确定重大原则与基本价值观，在学校工作的主要领域明确师生员工的行为准则，为构建学校机制、开展教育教学工作等提供引领。

《十一学校行动纲要》是代表十一学校特质的文件之一，表达了十一学校的文化和价值观，表述了十一学校育人模式的内涵。

2016 年 7 月 13 日，我借课程封闭研发的机会，把《十一学校行动纲要》发给老师，人手一本，要求学习。老师们看一遍，没有多少体会，反应冷淡，与我的预期反差很大。是老师们不理解呢，还是老师们与之有隔阂呢？于是，我请十一学校的张之俊副书记来校做关于《十一学校行动纲要》的报告。张副书记讲述的《十一学校行动纲要》文字背后的一个个鲜活案例、故事，让我感动。不过，看老师们的表情，了解老师们的感受，我发现一石并未激起千层浪。行动纲要既然这么重要，怎么能放弃呢？

2017 年 9 月，在转型一年后，学校成立了七人组成的行动纲要项目组，开始了学校行动纲要的研发。

要研发自己的行动纲要，《十一学校行动纲要》就成为项目组学习的内容，进入项目组成员的视野。项目组的于红老师再一次听了张副书记关于《十一学校行动纲要》的报告后，感觉不一样了，听进去了，理解深入了：原来《十一学校行动纲要》这么好，背后有那么多动人的故事。

通过起草行动纲要，项目组成员开始主动向十一学校育人模式转型。

为了广泛征集老师们的意见，项目组把行动纲要征集工作列入教研活动的内容，利用教研活动征集意见；又将其列入课程研发的内容，利用课程封闭研发时间征集意见，让老师们认识到行动纲要与课程的关系。项目组还征集与行动纲要相关的教师、学生、教育教学的生动案例和故事，并进行宣讲，带动了老师们对行动纲要的深入认识和运用，促进了老师们的转型。一年时间，效果明显。

起草行动纲要使项目组老师们认识到，传统的培训和讲授并不能入脑入心，更无法指导行动。于是，项目组便利用项目任务驱动大家深入学习，案例征集让大家建立起行动与价值观的联系。一句话，我们在做中学。通过做事实现转型，是学校转型的一条途径。

二、过程和结果哪个更重要

2018 年 10 月 12 日，学校的《行动纲要》草稿经校务会讨论通过后，提交全体教职工讨论。

第一轮讨论、修改，自 10 月 12 日到 11 月 23 日用了 43 天，经过了以下环节：个人修改，提出修改意见；以年级为单位讨论，提出修改意见；以教研组为单位讨论，提出修改意见；以工会小组为单位讨论，提出修改意见；项目组汇总研究修改意见，整理出修改稿，提交校务会；校务会讨论修改后，再次提交全体教职工讨论。

第一轮讨论，横向到边，纵向到底，纵横交叉，全员参与，不漏一人。老师们充分发表意见，说出真实想法，进行思想交锋。最终，汇总意见、建议 152 条，项目组对草稿做了 46 处修改，我们从中感受到了老师们的热情与智慧。

第一轮讨论时，部分教职工的感受还是别扭的：听着不顺耳，说着不顺嘴，想想不明白。

例如，《行动纲要》中写道："卓越教师必须专业水平高超，敬畏学生并深受学生爱戴，有教育情怀，具有开阔的学术视野、世界眼光和终身学习能力。"有老师提出："怎么能让老师敬畏学生呢？老师要害怕学生了，怎么教书？'敬畏'太刺耳了。""老师需要世界眼光吗？能有世界眼光吗？"

例如，《行动纲要》中写道："关注学生学习与生活细节，要求学生在什么时间干什么事，在什么地方干什么事，干什么事就要干好什么事。"有的老师认为："说得那么拗口，到底让学生干什么呢？"

例如，《行动纲要》中写道："课堂上要尊重差异。差异是客观存在的，差异是资源，差异造就了世界的丰富多彩。"有的老师说："差异怎么成为资源了呢？想不明白。"

有一位老师在反馈意见时，一个人讲了一个小时，把《行动纲要》从头至尾数落了一遍，这里不明白，那里不清楚。

部分教职工的表现，反映出学校转型期间老师们观念的碰撞，验证了《行动纲要》的成型还欠火候，说明了学校转型还有一段路要走，于是便有了第二轮讨论、修改。

第二轮讨论、修改，自 11 月 23 日到 12 月 21 日用了 29 天，经过了以下环节：个人修改，提出修改意见；年级讨论，提出修改意见；召开教职工代表大会，推出 2 名大会发言人；大会分 3 次听取、讨论 37 名教职工代表的修改意见，要求发言人结合自己的教育教学实践和岗位职责，用具体的事例，谈一谈对《行动纲要》的理解、认识和意见。项目组和学校领导利用这个机会，说明《行动纲要》撰写的背景，讲述《行动纲要》的故事，阐述《行动纲要》文本的内涵，引导教职工进一步融入十一学校话语体系，理解十一学校育人理念和十一学校育人模式的内涵，明确《行动纲要》的意义和作用。

第二轮讨论又收集了 17 条修改意见，在讨论过程中，我们明显感觉到了老师们对《行动纲要》认同：修改意见更理性了，没了刺耳的发牢骚的话语。除了进一步提出修改意见外，更多的是发现《行动纲要》的亮点，结合自己的教学谈对《行动纲要》的理解和感受，用具体的人和事来解读《行动纲要》。

教育顾问王涛老师说："《行动纲要》修改的过程，体现了学校求实、求是的做事态度，这也是我们倡导的价值取向。"

导师高占一老师说："《行动纲要》的每一条都耐人寻味。"

年级主任陈岳老师说："读《行动纲要》，内心激动，行动纲要应该成为全体教职工的信仰。"

英语教师李金凤老师说："再读《行动纲要》，怦然心动。《行动纲要》与平时工作一一对应，深入我心，令我激动。"

项目组成员乔文艳老师说："《行动纲要》对教师的教学工作具有很强的指导意义，老师有了评价学生、衡量自己的尺度，做事有了标准，有了依据，与以前的工作目标比较，《行动纲要》的站位更高。"

地理教师娄春娟老师说："在《行动纲要》形成过程中，项目组广泛听取老师们的意见，充分信任老师，用各种形式鼓励老师讨论。我欣赏这种做法，佩服这种勇气，这也体现了学校的自信。我们对表达有更高的要求，但与过程相比，表达就显得不那么重要了。"

她又联系转型过程中第一批毕业生的状况，谈了自己的认识："2017届高中毕业学生，许多是先进教育理念的受益者。是'创造适合每一位学生发展的教育'这一理念，转变了我们的观念，改变了我们的行为。我们从只关注好学生转变为关注每一个学生的发展，使许多没有信心的学生有了出路，考上了大学，并在自己的专业学习上发展得很好。可以说，是这一理念救了这些学生，也成就了我们老师。"

办公室主任徐战军老师说："《行动纲要》阐明了学校从哪里来、到哪里去、怎么去三个问题。学校转型后，没有忘记过去 52 年的办学积淀，明确了走十一学校育人模式的方向，清晰地阐明了怎么走的路径、方法和策略。"

教导处副主任谢文老师进一步把《行动纲要》的十六章从六个维度概括为：一个核心，两翼驱动，三个主体，四个抓手，四个保障，两个助力。即以学校战略为核心，以培养目标、组织结构与管理机制为两翼，以教师、学生、师生关系为主体，以课程、课堂、教育科研、教育教学为抓手，以决策、管理、管理者素养、评价为保障，以资源、家校协作与社会责任为助力。

《行动纲要》的两轮讨论使我们体会到，在引领学校转型的过程中，过程比结果更重要。过程有了，落实到位了，结果将是水到渠成的事，否则欲速则不达。《行动纲要》的讨论与形成如此，课程与教学的推进是否也应如此？学校转型重在"转"。"转"是一个动词，"转"前需要先慢下来，这样才能确保安全稳妥地调整到合适的位置，朝着正确的方向前进。

三、如何让工作的过程成为转变的过程

学校发展依靠谁？这是每一位学校管理者都必须回答的问题。李希贵校长用《学生第二》这本书做了回答：从管理学意义上讲，教师第一。调动每一位教师的积极性是管理的核心任务。这个答案很明确，但是在实际的学校管理过程中，怎么落实教职工的主体地位，发挥教职工的主体作用，特别是在学校转型期，如何调动每一位教职工的积极性、主动性，是对管理者智慧的考验。既然过程这么重要，那么怎样做，这个开展工作的过程才能成为管理者所希望的"转化人、教育人、凝聚人"的过程？这也是对管理者智慧的测试。

以学校一个文件或制度的出台为例。常规做法是校长或者领导班子拿主导意见，形成初稿，然后提交教职工代表大会讨论通过。老师们也习惯了这样的做法，不用动脑，领导怎么说，自己就怎么做。因为即便老师说了，领导也很可能不以为然。这种做法通常叫作"自上而下"。领导负责想，教师负责干。然而，干的人不去想，不明白为什么干，又怎么会主动贯彻执行呢？因此，许多管理者总是抱怨老师们"明明有规定，就是不去执行"，甚至认为有的人是故意跟他们"对着干"。这其实正是管理者思维方式没有转型的表现。

学校《行动纲要》，我们完全可以按常规出台，也可以简单地把《十一学校行动纲要》改头换面后硬塞给老师们。这样做既省时又省力，但结果肯定不理想，也不符合十一学校的育人理念。在相信教师、依靠教师、发展教师、形成共识的全新思维模式下，我们以结果为导向，按照

标准更高、落实更严、效果更好的原则，讲求实效，不走过场，不做夹生饭，馒头不熟，决不出锅。

回顾学校转型初期制定《行动纲要》的全过程，我们发现关键节点的转变，带来全新的改变。

节点一：变分管干部的工作任务为行动纲要项目组的工作任务。变一个或几个人的事为团队的事。

节点二：变干部带头为教师自主。项目组七名成员全部为普通教师，其中有对项目研究兴趣浓厚的青年教师，有对项目持怀疑态度的中年教师，还有行为、观念和我们差距较大需要转型帮助的教师。他们之间相互争辩，相互说服，逐渐达成团队共识。

节点三：允许借鉴，不允许照搬。这就有了学习并解读《十一学校行动纲要》，辨析其中的关键概念、重要观点，逐步认同，在此基础上制定本校《行动纲要》的过程。

节点四：波纹式扩散推进。项目组七人像一块块投入湖中的石子，他们激起的波纹一圈一圈地向外扩散。从七人对《行动纲要》的认同，到教研组老师的认同，到年级老师的认同，到教职工代表的认同，到全体教职工的认同，最后达成了广泛的共识。

节点五：长时间反刍。耐住性子，给老师们更多时间去消化、吸收。《行动纲要》的形成，经过了18个月的时间。有的老师说："这与原来的做法不一样。怎么用这么长时间？"有的老师领悟到，这是给他时间去慢慢地消化、吸收，从而实实在在地认识到《行动纲要》的意义、作用、价值，从而主动、自觉地去执行，将其融入自己教育教学的方方面面、各个环节。有的老师说："《行动纲要》的修改过程是一个深入学习的过程，是一个转变思想观念的过程，是一个促进教育教学行为转型的过程，是一个自我转型的过程。"

节点六：管理就是服务的职能落实。学校充分发挥工会组织在《行动纲要》制定过程中的作用，实现工会组织的转型。《行动纲要》中写道："把学校办成教职工心灵的栖所、施展才华的舞台和幸福的家园。""不可侵犯的教代会民主权利：信任投票决定校长是否连续任职，满意率评价决定干部是否继续任职，参与制定、修订甚至决定学校重大文件和方案。"

《行动纲要》中是这么写的，我们也是这么做的。《行动纲要》草稿交给全体教职工讨论，工会成为主要组织者。他们制订计划，安排时间，组织讨论，工会委员轮流主持讨论，深入教研组、年级组、工会小组听取意见，与项目组一起研究修改意见。工会小组的讨论也是一个渠道，使老师们感受到工会组织的存在，感受到工会切实为大家服务的工作定位。这样做，使老师们有了主人翁的体验，同时发挥了工会的作用，实现了工会的转型，落实了工会在学校组织结构中的地位和作用。

学校转型六年多，我们初步完成了第一个阶段的目标任务。怎么评估和认定这个阶段学校转型的目标已经实现，最重要的衡量指标就是每一位教师自主、自觉意识的觉醒，他们不知不觉地成为学校真正的主人，认真参与每一项与学校发展息息相关的大事。把以上思考简要概括成一句话，那就是"赋权，激活每一位老师"。当教师焕发活力时，民主办学才能落到实处，学校转型才能实现，未来学校持续健康发展才有动力和能量。

》崔京勇

第二辑

课程的力量

为深度学习而设计

随着学校教育变革的不断深入，我们把关注重心从"教师教了什么"转向"学生学会了什么"，逐步实现从"教"走向"学"的转型。我们越来越意识到，只有给学生创设学习场景，让他们为"理解"而学习，为"学会"而学习，为"迁移"而学习，他们才能更好地适应学习生活。

反观以"教"为中心的传统课堂，虽然学生认真听讲，笔记记得工工整整，老师对学生的表现也非常满意，但到了真正进行"成果输出"的阶段，学习效果竟会出现"断崖式"下跌。教师往往到这时才会发现，教学目标并没有达成，只是完成了教学进度而已。这种学习是一种浅表学习，它只是一种完成外在任务的行为，没有深度思维的参与。通过这种学习，学生获得的是大量惰性知识、短期记忆的知识。这些知识在不久的将来就会被遗忘，不会有迁移和应用。如果今天学习，明天就遗忘，那这种学习就没有多少意义，久而久之，学生就会产生厌倦情绪。

而在以"学"为中心的课堂中，学生会全身心投入，内心愉悦充实，从而忘记时间的存在，感觉不到疲劳。这种忘记在学习，甚至不觉得是在学习的学习往往就是深度学习。在这样的学习过程中，学生的思维不断深化，向高阶思维发展，而且学生不断自我反思、调节，从而形成适应未来发展的学习力。

那么，如何促进学生进行深度学习呢？秉承学校《行动纲要》所倡导的"在做事中实现转型"的原则，在过去两年，我重新思考教与学的关系，做了积极探索。

一、营造安全的课堂成长环境

雷夫·艾斯奎斯（Rafe Esquith）创造了充满魅力的第 56 号教室。第 56 号教室之所以很特别，不是因为它拥有什么，反而是因为它没有某样东西 —— 这里没有害怕。雷夫想尽办法努力营造一种平等、和谐、彼此信任的师生关系，让学生在教室里感受到"家的温暖"。于是，他们变成爱学习的天使，教室里充满尊重和信任。

想起我的课堂上发生的一件事。那是一节英语课，按教学进度要结束第五单元的教学，所以课堂节奏有点儿快。好在备课充分，活动设计得有趣，学生情绪高涨，积极回答。教学就在紧凑有序的氛围中进行着。当我看到贾同学把手举得高高的时，便叫他来回答问题。不知是因为紧张还是因为别的什么，他站起来支支吾吾什么也说不上来。时间紧迫，我对他说："你先坐下吧，想好了再回答。"然后立即点了另外一名学生回答。在我的"高效努力"下，下课铃响起的时候教学任务顺利完成。后来我感觉到贾同学的表现有些异样，课上他不再热情参与，会有意回避老师的目光，甚至我觉得课堂氛围也发生了微妙的变化，很多学生在表达观点时似乎有些顾忌和拘谨。

后来，我读到李玉贵老师的一篇文章，很受触动。她说，那些回答问题时磕磕绊绊的学生，其实正在从他的知识系统里寻找、组织答案，他的思维很忙碌，也很卖力，他正走在努力学习的路上。这时候老师打断他，让他坐下，等想好了再说，这对学生是非常大的伤害。在这样的不安全的课堂文化中，以后他可能会避免发言，以防犯错或出丑，慢慢沦为课堂上的"观光者""陪读者"。这样，课堂对话就会变成教师和能揣摩教师心中所期待的正确答案的学生之间的对话。这样的课堂看似进展顺利，其实大多只能发生浮于表面的学习；因为没有认知的冲突，所以没有深度学习的发生。

此后，我努力为学生营造安全、润泽的课堂氛围。在课堂上，我会耐心、认真地倾听每一个学生的回答，鼓励他们说出思路，而不仅仅是答案。这样，学生即使暂时没有答案，也会勇于分享自己的想法，从中我们可以知道他的思维到了哪里。遇到卡壳的学生，我会给他一个温暖的等待。看似"浪费"了几秒钟，其实非常有价值。有了让人安心的课堂氛围后，原来在课堂上因为受挫而丧失热情的贾同学也重拾信心，又开始积极参与互动。虽然有时他回答起来仍然磕磕绊绊，但我已经学会耐心倾听、等待，还会用眼神等示意其他学生不要着急，要耐心倾听。在温润的课堂氛围里，每个人都可以真实地展示自己。在我们的课堂里，无论是无知还是承认错误，都不会有风险。出错是受欢迎的，因为这是进步的机会。在这样的氛围中，学生会安心地释放不会的信号，这为深度学习的发生提供了可能。

教育是一个"对话"过程。这种对话必须是平等的、开放的、平和的，其中不能有权威和简单服从。教师和学生都是平等的学习者。我也会从学生的奇思妙想中受到启发。这种舒适的氛围促进了深度学习的发生。

二、组建学习共同体

学习金字塔理论表明，使用不同的学习方式，学生的学习效果差异很大。我们常用的"老师讲，学生听"这种方式，学习效果很差。学习效果较差的几种方式，都是个人学习或被动学习；而学习效果较好的，都是团队学习或参与式学习。效率高的学习方式是小组讨论、给别人讲、亲身体验等。当学生将所学到的知识加工并重新表达出来，再教给别人时，他习得的多是理解了的知识，甚至是可迁移的能力。深度学习就是在"自我"与"共同体"不断重构的过程中发生的。

另外，中学生具有"同伴依赖性"。在心理上，他们对同学、朋友的依赖超过对父母、老师的依赖。所以，每当接手一个新班级时，我都会投入时间和精力帮助学生建立同伴学习关系，形成学习共同体。每天努力做的就是让每一个学生在课堂上都能全身心参与，并且能够在教师和学习同伴的帮助下挑战处于最近发展区的学习任务，享受高品质的学习。

组建学习共同体时，我一般会安排四人为一组，根据男女比例、学习能力、性格特点来组织。小组内不指定小组长等角色，大家平等地学习。如此，每个学期每个学生都能有多种角色体验。学习小组内的差异，本身就是一种资源。差异和碰撞会让学生的想法和思维变得更多元，引发每一个人更深地思考。

另外，我会培育相互倾听、相互欣赏、相互支持的学习共同体文化。通过各种任务让学生渐渐明白，小组学习不是轮流发表意见，而是互相补充、互相学习。如果只是发表自己的见解，那就是自说自话，并没有真正沟通。而且，小组学习不需要非得达成一致观点，其主要目的是丰富每个人的想法。为此，我给学生提供表格作为工具，一栏可以填写自己的想法、观点及支撑证据，另一栏填写讨论时收集的别人的好想法。大家准备好后在小组内依次分享。之后，每位学生对共同体内的同伴做出评价、反馈，给出积极评价与中肯的改善建议。当学生作为一个评估者参与学习时，他们的元认知学习策略会得到促进。这样，他们在以后的学习中也能更好地进行自我监控。

在共同体学习过程中，学生遇到困难向我求助时，我不会直接帮他们解决，而是注重引导他们一步步打开思维，找到解决问题的钥匙。这样学习就能形成深度思维。这样虽然学得慢了一些，但能让学生形成真正的理解，形成持久记忆，并迁移应用。

三、设计与真实世界相联系的学习任务

李希贵校长说："作为教育者的我们，需要把社会上的那些真实挑战，孩子们将来会遇到的那些问题，打包浓缩变成课程，让他们在学校里提前体验，以激发他们的潜力。"

每个孩子都渴望拥有丰富多彩的世界，渴望进行有意义的学习。马扎诺（Robert J. Marzano）在对人类学习行为模式的研究中发现，当个体面对新任务时，自我系统先要判断是否接受新任务，判断的依据之一是任务是否有意义。如果认为没有意义，自我系统就不会启动。如果学生的大脑决定不介入任务，那么学习还没开始就结束了。只有有意义的任务才能让学生启动元认知，建立目标策略，进而开展深度学习。

所以，我要在学生的学习和真实的世界之间搭建一座桥梁，让学生真实感受到学习的意义和价值。只有这样才能激发学生学习的动机，让他们启动认知系统。只有在解决真实问题的过程中，学生才能将分散的知识和技能集成起来，形成能力和素养。这样一来，深度学习就发生了。

如何架起这座桥梁？可以追问自己以下四个问题：

学生学习这个单元后，能获得哪些新视角和新认知？（明确目标）

学生走向社会后能够用它做什么？（明确预期结果）

如何确定学生达到了标准？（明确评估证据）

通过什么样的表现性任务能实现结果？（确定表现性任务，搭建桥梁）

这样追问下来，就容易找准连接的那座桥梁，避免"知识全覆盖"和"为活动而活动"两个误区。

比如，在学习《英语》高一上册第一单元前，就明确了几个问题：我

们希望学生在学习这个单元后，能够了解高中生活的不同方面，掌握融入新环境的技能，理解融入新环境意味着悦纳别人的生活方式和性格特点，还要积极互动，寻求支持，被他人接纳。为了判断学生是否达到了预期结果，掌握了融入新环境的新技能，理解了融入的意义和内涵，我们想到了让学生为2020级学弟学妹做一本《新生校园生活指南》的真实任务。学生只有了解高中的课程、社团、学习方式、可能会遇到的挑战、如何与人相处等，才能完成这个表现性任务。而我们给学生提供的阅读资源必须能支持他们完成任务。第一至第六课分别是目标规划篇、校园环境篇、课程社团篇、挑战篇、与人相处（第一印象）篇和学长经验介绍篇等文本。这样，学习内容能与学生的真实生活经验建立起联系，就会让学生觉得有意思、有意义、可达成。这能极大地激发学生的兴趣，挑战他们的潜能。这能吸引学生主动去学习、研究文本，梳理、归纳、提取信息，整合资源，并用任务量规作为校准器，修正和完善学习成果。

现代心理学认为，越是基础的技能（如单词的记忆和拼写），越容易在高级的创造活动中获得。如果没有与真实世界建立联系的任务驱动，只是单纯让学生学习词汇，记忆其拼写和用法并对其反复操练，无异于人为增加学习难度，会挫伤学生学习的积极性。在参与比较高级的创作活动时，学生通过阅读更多文本和资源，获得更多文字表达和思考的机会，加上跟同伴的互动交往，在提升学科综合素养的同时，基础技能（像词汇的拼写和用法）自然而然地就能得到修正和提高。随着创造性学习过程的展开，教师慢慢退后，学生就成为教室的主人，站在课堂的中央，自然开展深度学习。

过去教师是研究"教"的专家，21世纪教师应是研究"学"的专家。我们在努力探索，积极尝试，让越来越多的深度学习真实发生。

》汪花

生涯规划课程中的资源意识和个别化教学

如何帮助初中生进行生涯探索，找到自己感兴趣的职业是困扰心理教师的难题。"职业"这个词对初中生而言，似乎过于现实，过于严肃，也过于遥远了。想办法拉近初中生和职业之间的距离，成为我们在教授生涯规划课时思考的重要问题。

一、规划未来：学会对自己的选择负责

现在已经到了注重培养中学生生涯规划能力的时候。只要看看有多少初中生在选择考试科目时一脸茫然，有多少高考生在填报志愿时不知所措，有多少大学生在本科毕业时还不明白自己真正感兴趣的领域是什么，就能明白生涯规划能力的重要性。

近年来，生涯规划渐渐得到教育界的重视。国家在倡导，教育部2012年修订的《中小学心理健康教育指导纲要》中明确提出初中年级心理健康教育的内容包括生涯规划 —— 把握升学选择的方向，培养职业规划意识，树立早期职业发展目标。学校也将其列入《行动纲要》："重视学生职业与生涯规划。从初中、高中起始年级开始进行职业与生涯规划教育，鼓励学生通过各种方式了解社会，认识自我，明确自己的职业目标与生涯规划，激发学生内在成长动力。"学校还将包含生涯规划专题的心理健康课程作为必修课纳入课程体系。

我们希望学生在中学阶段能够拥有规划自身未来的能力。生涯规划课程的核心意义在于，帮助学生更清楚地了解自己和社会，理性地将自身的爱好、特长和社会的需求结合起来。学生只有沿着一条自己选择的、感兴趣的、符合自身天赋条件的道路前进，才能走得更远、更快乐。

二、资源意识：组织尽可能多的资源为学生成长服务

一般来说，生涯规划包括认识自己、了解职业、学业规划和生涯规划四个部分。前两个部分是基础，也是本文要重点阐述的内容。帮助学生认识自己和了解职业，关键在于为他们提供丰富、科学、适切的资源。

在认识自己方面，我们为学生提供的资源是科学的心理学量表：利用"五种认知类型"测量表来帮助学生明确自己的学习特点；根据霍华德·加德纳（Howard Gardner）的多元智能理论，利用"八种智能"测量表来帮助学生发现自己的相对优势；利用"霍兰德职业兴趣"测量表来帮助学生了解自己的兴趣和擅长点。

我们和学生花了较长时间一起探讨、分析这三个量表，这可以让学生对自己有更加清晰的了解和定位，他们开始畅想未来如何发挥自己的优势。随后另外一个问题出现了：日后从事什么职业才能最大限度地发挥自己的优势，满足自己的兴趣呢？学生对各行各业存在多大程度的误解？至此，课程进入第二个阶段——了解职业阶段。

那么，在了解职业方面，该为学生提供怎样的资源呢？通常的做法是教师进行有关职业的讲解，让学生观看有关职业的视频等，但这些总给人一种雾里看花的感觉。没有什么比去各种职业的工作现场参观，与从事相关职业的工作人员交谈更能帮助学生了解职业的了。不过，学生很难有机会和时间去做这样的事。

后来，我们有了一个想法：既然学生很难到各行各业去体验，那么就想办法把各行各业的人请到学生面前。于是，我们让学生在问卷上写下 1—3 个自己想了解的职业，并告诉他们学校会尽可能多地邀请不同职业的人来与他们交流。学生的热情被点燃了，他们列出了一份令人吃惊的职业名单：宝石设计师、电子竞技职业选手、模特、漫画家、心理医生、天文学家、律师、创业者、飞机维修员、自由职业者……

学生想要了解的职业有近百种，有些职业我们居然闻所未闻。该如何满足学生的需求呢？

不怕没有资源，就怕没有资源意识。想尽办法寻找资源，把资源放在离学生最近的地方，是资源意识的核心。学校《行动纲要》中有相关表述："重视社会资源的开发与利用，整合不同层面、不同行业、不同地区的资源。"受此启发，我们在网络上发布了"求助帖"——《带着你的职业光环来中学课堂吧！》。

令人感动的是，帖子发出不久，就有很多朋友主动联系我们，愿意和学生分享自己的专业或职业经历。更让我们动容的是，因为分享的时间是周三下午，分享者多数都是向单位请假后赶到学校的。

最终，我们成功邀请到 9 名分享人，他们分别是中国南方航空北京分公司的飞机维修员、中国人民公安大学法学院的法学讲师、北京城市学院模特表演专业的校友、本校热爱骑行的技术课老师、友邦保险北京分公司的业务经理、国家图书馆文献数字化组的成员、樊登小读者的培训经理、北京航天宏图信息技术股份有限公司的售前工程师、北京师范大学天文系在读博士等。

我们把分享活动命名为"职业面对面"。

三、个别化教学：看见森林中那棵具体的树

有了丰富的资源，摆在我们面前的新问题是：如何让这些资源发挥出更大的功效？具体来说，就是该如何组织"职业面对面"活动。是设计成"分享者讲大课"的讲座形式，还是设计成"坐下来聊天"的对话形式？显然，前者更省力，更能"出成绩"；后者则要花费更多精力去安排，也没有大型活动的"彩头"。

做决定时，我们想到了学校《行动纲要》中的一句话："尊重并珍惜学生的差异，与学生的天性合作，依据差异探索实施个别化教育的途径和方法。"从教育"个别化"的角度来看，这个问题很好回答：选择更有利于学生发现自我、成为自我的方式。

我们把选择摆在学生面前，不出所料，他们绝大多数人更喜欢"坐下来聊天"的形式。9位分享者被分成两组，第一周有4位分享者和学生见面，第二周有5位分享者和学生见面。

我们把有限的教室空间分成4—5个分享区域，提前把分享者的座签摆在桌子上面。我们先分别介绍每个区域的分享者情况，包括所学专业、所从事的职业、所在的公司等。然后让学生根据自己的兴趣选择去哪个区域进行交流。学生分区域坐定后，分享者进入教室中自己所属的区域，和翘首以盼的学生进行分享。这样安排，既能让学生有时间做出选择，又可以使课堂保持得比较有秩序。交流的过程中，学生是可以流动的，他们可以像赶大集或逛漫展一样切换交流区域。

教育个别化的魅力从学生和分享者的交流中就能观察出来。

最让我们留意的是一名对天文学有着浓厚兴趣的女生。早在询问学生想了解的职业阶段，她填完问卷后又单独跟我说："老师，我对天文学特别感兴趣，以后想学这个专业，您能请相关专业的人来吗？"接着，她又介绍了自己参观天文馆、阅读天文学书籍、参加与天文学相关的夏令营的

故事。用"心中有梦，眼中有光"来形容当时的她也毫不夸张。所以，我们特意邀请了北京师范大学天文系的朋友来做分享。

活动当天，那名女生早早地坐在了天文系林博士所在的区域。整个过程中她一直在认真倾听：天文学学科的分支有哪些、国内外大学和研究机构天文学专业的开设情况是怎样的，有志于天文学学习的同学在中学阶段应该做哪些准备……她所关心的问题，基本上都得到了解答。林博士精心准备了课件，系统介绍了国内和国际大学的天文学专业情况，还为想以天文学作为志业的同学出谋划策。分享会结束了，故事并没有结束。在双方都同意的情况下，我帮那位女生和林博士建立了微信联系。这在她成长的道路上可能是至关重要的。

最火的是学习模特专业的校友所在的区域。超过一半的学生都聚集在那里，带着欣赏和好奇的目光注视着学姐小周。同学们认真听讲和热心交流的场面让作为老师的我也有些羡慕。"艺考难不难啊？""做模特是不是特别需要注意饮食？""学姐，我想走艺考的路，能传授一些技巧吗？"……欣赏和好奇之余，极具价值的职业发展问题被活泼地提出来。

其他区域也各具特色：中国人民公安大学的张老师身着警服，透着一种庄重、严肃的气息；南方航空北京分公司的赵老师带来了自己珍藏的飞机模型和飞机驾驶舱示意图，绘声绘色地分享了作为飞机维修员的工作时光；樊登小读者的张经理和学生特别有共同语言，从二次元到角色扮演，聊得不亦乐乎；国家图书馆的张老师和友邦保险的马经理合并到一个区域，分享在私企和国企工作的"冰与火之歌"；北京航天宏图信息技术公司的林老师大学学的是地理专业，她和学生聊得最多的是自己的高中生活以及地理专业的学习经历；校内技术课的李老师对骑行的精彩阐释，生动地体现了"每位教师都是一座富矿"的学校理念，只要善于挖掘，每位老师都能焕发出别样精彩。

9 位分享者，累计为 4 个教学班的 92 名初二学生贡献了近 30 场"职业面对面"沙龙活动。这些活动春风化雨般地在学生心中种下关于生涯规划的种子，有朝一日定能开出美丽的花，结出丰硕的果。

不过，即便想尽办法为学生提供资源，进行个别化教育，我们仍然观察到，还是有学生没有找到自己特别感兴趣的交流点。当我们切实地关注学生的个别化需求的时候，会发现学生的需求是无穷无尽的。教育个别化是没有止境的，尊重学生个性的课堂，一定是不断向理想的个别化教育迈进的课堂。

》陈亚洲

学生影院因你而精彩

静于行，动于心，震撼尽在天地之间。

让我们在紧张的学习中放飞美好心情，看一场经典传奇；

让我们在 120 分钟的观影中感受别样人生，来一场心灵洗礼。

这是学校高中自主管理学院影院部的海报宣传语。今天我就和大家分享一下海报背后的故事。

一、招募负责人

2017 年 9 月，学校转型工作启动，高二、高三年级学生到北京市亦庄实验中学住宿学习。这种全新的学习、生活方式让学生既充满期待又不免有点儿焦虑。在校区负责人毛老师的建议下，我和年级老师进行沟通，为丰富学生的校园文化生活，同时也为了培养学生的自主管理能力，高二学生自主管理学院决定招募影院部负责人，每周开设学生影院活动：由学生自主选片，自主宣传，自主管理观影秩序。

于是，我们先在年级公告栏发布了招募信息。接下来就是等待学生自愿报名，确定影院部负责人。

我所负责的导师组的于同学，是一个性格外向的人，爱冲动，情绪化，平时的集体活动和学生自主管理方面的工作他很少主动参与。这次，他却对影院宣传和管理工作表现出很大兴趣,很快报了名。我和他简单沟通后让他谈谈对影院的初步设想,并要求他做一个学生影院计划书和观影管理方案。开始我以为他只是头脑发热,没想到第二天他就把做好的计划书拿来了。他不仅制定了观影管理流程,还设计了一条有关学生影院的广告语。我发现,这个孩子认真起来其实很靠谱,于是就想趁这次活动给他一个锻炼的机会。我再次和他进行了沟通,提供了一些建设性意见,希望他修改一下管理流程的细节,并从语文老师的角度对广告语提出了修改要求:句式整齐、语言精美、新颖简洁、主题鲜明等。

于同学答应了,拿着计划书愉快地离开了。可是下午他又来找我,说已经"被广告语折磨得不行了",他写了好多条,可总是不满意,不是觉得没文采,就是觉得不够高大上。他说:"自己都不能被吸引,怎能吸引同学呢?"看着他焦虑的样子,我心里反而很高兴,因为这表明他真的想而且正在用心做好一件事。我一边开导他,一边开玩笑地说:"这回知道学好语文多重要了吧?"他呵呵一笑:"还真是。"为了帮于同学找点儿灵感,我给他看了一些经典广告语。

经过我和于同学反复修改,广告语终于出炉:"视听无限,'影'入人心。"虽然只有短短的八个字,但体现了于同学力求完美的做事态度,比起最初的那几版广告语,这一版他自己最为满意。一条看似简单的广告语成了一次与学生沟通的契机,这让我真切地感受到教育不是只在课堂里,而是无处不在,当我们走近学生,了解学生时,转变就能真实地发生。

影讯宣传每期都由于同学负责,刚开始他并不会设计海报,但他很用心地自学。老师和同学的认可,让他获得了成就感。学生自主管理的艺术,不就是发现学生的潜能,激发他们的动力,让他们在不同的活动中去发现自己,找到自己,成为自己吗?

二、蜕变进行时

2017年10月，高二学生自主管理学院主办的学生影院正式上线，并确定于同学和廖同学为影院部负责人。于同学负责宣传，廖同学负责技术，两人共同承担观影巡查任务。为了广泛地征求同学的意见，满足大家的观影需求，他们还做了调查，在小学段期间为大家安排了丰富多彩的中外影片。这些影片或温情感人，或科技炫酷，或正能量满满，或耐人寻味……深受学生好评。

两年来，影院部为学生推荐了近50部风格各异的影片。学生影院的上线为紧张而忙碌的高中生活增添了一抹亮色，带来了闲适与放松。每周四晚的学生影院是大家非常期待的。自从成为影院部宣传负责人之后，于同学的责任心越来越强。每次发布影讯，他都会非常用心地设计海报，他的家长反馈说："每次，他都认真地坐在电脑前设计。设计宣传语反复修改好几稿，我们说'差不多就行了'，他坚持说'不够好，还得改改'。一个手机控、电子游戏迷，竟然真的不是在玩游戏。"我想，这就是学生的内动力被激发后产生的蜕变。

观影巡查工作也是由这两位负责人来承担，他们会安排点名、签到，查看各班人数，提醒学生到指定教室观影，不允许在楼道里和公共空间长时间逗留。特别值得一提的是，放映结束后，这两位同学都会到各个教室检查，关闭电脑电源，摆放桌椅，然后关灯。一切有条不紊，有没有老师在都一样。责任意识已深深扎根在他们心底，不需要他人提醒。

年级的牛老师不止一次跟我说过，于同学的变化真的很大，问我是怎么转变他的。现在的于同学不仅责任心强，脾气也好了，变得阳光、平和了许多。牛老师经常看到于同学在下了晚自习后主动到我的语文学科教室，把桌椅摆放整齐，检查电源，然后才回宿舍，说我真是找了一个得力的助手。我听了心里感到特别欣慰。因为刚开始我也会觉得选课走班后，没有了行政班，没有了班主任"特权"，学生与老师的关系可能没那么亲近了。但经过长期陪伴，师生和谐相处，导师疏导沟通，变化真实地发生了。

更令人感到欣慰的是，学生影院的两位负责人2019年的高考成绩也很好，远超本科线。他们还在年级毕业典礼"任意门 —— 无限可能"活动的组织、策划中发挥了重要作用，展现了管理和协调能力，为即将开始的大学生活打下了基础。

三、成长启示录

学校遵循教育本质，实现人的解放，关注人的发展，让学生发现自己，唤醒自己，成为自己。作为学生自主管理学院的主管，在学校转型期间，我努力践行学校的育人理念。学生影院只是众多学生自主管理部门的一个缩影，还有许多精彩故事在上演。本着"自我管理、自我教育、自我服务"的宗旨，学生自主管理学院为学生提供和创造主动成长的机会，以此来激发学生的主体意识，发展学生的个性，引导学生不仅学会学习，更要学会生活，学会做人，学会思考，学会在遵守规则的基础上成为有个性的人才，让学生在自主管理实践中成长。

学校在《行动纲要》中明确，我们的使命是"创造适合每一位学生发展的教育，创建师生自由呼吸的学校，使学生成为最好的自己"。通过落实学校课程，我们系统引导学生进行学习、生活与职业规划，确立远大目标，立志成为某一领域的领军人物或杰出人才。我们通过丰富可选择的课程，帮助学生发展优势，唤醒潜能，张扬个性，学会自主规划、自主学习、自我管理，成为有独立思想、勇于担当的人。

在十一实验中学和谐的育人环境中，在一次次自己策划、组织的精彩活动中，学生不断成长，不断发现自己的潜能。老师要做的，就是为学生提供舞台，找到适合学生个性化发展的途径，让学生在做中学，在做中成长。

》郭迎

一堂让学生身兼数职的舞蹈课

课堂可以变成招聘中心吗？学生可以在课程中应聘适合自己的职位吗？老师可以变身为课程的人力资源管理师吗？

答案是：在舞蹈课中可以实现这些想法。

大多数学生对舞蹈课的印象仍然停留在"劈叉""下腰"等动作上，对舞蹈抱着"可远观而不可亵玩焉"的态度，只做观赏者。对没有舞蹈基础的学生而言，舞蹈就真的那么遥不可及吗？在一般的舞蹈课中，老师大多以填鸭式的教学方式，要求学生做到统一化、整齐化；而在学校的舞剧编创与表演课中，这种"老观念"已悄然发生改变。

舞剧编创与表演课是学校转型以来结合课标研发的舞蹈学习和实践相结合的课程。该课程通过对经典舞剧的鉴赏、分析和模仿，让学生在教师的引领下，自主设计原创舞剧。无论是故事情节、人物形象，还是事件、矛盾冲突等，均由学生自己设定，并设置不同的职位，如编剧、导演、剧务、编舞、音乐剪辑等。学生既是台上的表演者，又是幕后的工作者，一人身兼数职，在实践过程中充分挖掘、发挥和展现潜能，经历属于自己的舞剧从无到有、从幕后到台前的全过程。

一、游戏化的课堂

开课初期，大多数学生都带着抵触心理进入课堂，觉得跳舞太累。有一些男生错误地认为，舞蹈是女生的艺术，跟男生没有关系，甚至恳求老师让他们上自习。在这些学生看来，学习舞蹈不如多做两道题来得更实际。在这种情况下，如果老师固执地坚持按照教学计划上课，只会造成学生更重的逆反心理，甚至让他们对舞蹈课产生恐惧感。面对这些学生，我们只能循循善诱，以他们喜欢的方式，让他们一点点放下戒心，一步一步迈进课堂。

因此，在舞剧编创与表演课最初的三四课时中，我专门设计了一些游戏化导入环节，如木偶造型、场景设定、角色扮演等，让学生体验如何运用肢体表达意愿，在游戏过程中将舞蹈知识渗透给学生。通过游戏化的课堂导入，学生从不知道什么是舞蹈、什么是舞剧、应该怎么欣赏舞剧，逐渐变得了解舞蹈、舞剧，知道应该如何创作舞剧。

二、个性化的设置

正式进入舞剧的排练时，我变身为招聘舞剧工作人员的人力资源管理师，给每位学生发一张招聘登记表，让学生根据自己的特长、兴趣爱好等，填写自己想应聘的幕后职务。在确认各自的职责后，大家便各司其职，开始工作。负责编剧的学生根据生活中的所见所闻讨论剧本，道具组、视频组、音乐组、编舞组的学生都根据编剧组给出的剧本开展工作。

【案例一】

《我的颜色》是编剧组的学生在老师指导下创作的第一部舞剧。故事的女主角叫小梅。因学习压力大，家庭不和睦，她罹患多重人格障碍。面对不同的人和事，她会以不同的人格对待。小梅一度处在精神崩溃的边缘，但她挣扎着努力寻求解脱。剧中红色、蓝色、黄色、黑色、灰色的人，分别饰演不同人格的小梅。面对母亲的唠叨、暴躁和父亲的冷酷无情，小梅的人格分裂症变得越来越严重。

剧本确定后，学生根据剧情需要应聘不同角色（见表6）。

表6 《我的颜色》角色与幕后职务

学生姓名	角色	人物形象、性格	幕后职务
付同学	红色人	暴躁、易怒	道具制作
傅同学	群舞		剧务
黄同学	蓝色人	冷漠、淡然	视频制作
刘同学	母亲	唠叨、暴躁	服装管理
梅同学	女主角（小梅）	多重人格	编舞
聂同学	群舞		花絮剪辑
任同学	黑色人	严肃、多疑	剧务
宋同学	父亲	冷酷无情	服装管理
王同学	群舞		音乐制作
赵同学	黄色人	积极、开朗	编舞
于同学	灰色人	安静、稳重	道具制作
张同学	群舞		编剧
杨同学	群舞		编剧

刚开始排练时，场面很乱。因为每位同学都想做好自己的职务工作，可是由于缺乏经验，许多人都不知道从何下手，更不知道怎么与其他职务的同学合作，甚至还发生争吵。此时，我变身为沟通专员，分别和每个学生交流，耐心帮助他们梳理自己的职务工作。慢慢地，在我的引导下，学生开始学会配合。渐渐地，争吵声消失了，愉悦的探讨和交流不时回荡在教室中。

【案例二】

有了上一部舞剧的创作经验后，第二个学期，学生又创作了《等》。这部舞剧的主要角色是小A和小B，他们是非常要好的朋友，高考后去了不同的城市。四年后学成归来的他们再次相聚。就在相见的当天，因为不法分子为非作歹，两人陷入犯罪事件中。后小A因故意伤人罪被判入狱，小B不离不弃，坚持等待小A出狱。

剧本确定后，学生发生了激烈的讨论。因剧本的需要，这次学生从负责一个角色、一个幕后职务，变成负责两个角色、一个幕后职务，工作难度加大。所以，这一次我们特别设置了"协调助理"职务，专门负责各职务间的协调工作。（见表7）

表7 《等》角色与幕后职务

学生姓名	角色A	角色B	幕后职务
范同学	同学	警察	编剧
方同学	小A（年少时期）	群演	音乐制作
高同学	群演	举牌人	视频制作
郭同学	同学	警察	剧务
国同学	群演	小B（成年时期）	编剧
侯同学	同学	群演	服装管理
李同学	音乐人	警察	剧务
龙同学	同学	群演	剧务
孙同学	举牌人	群演	音乐制作
田同学	老师	坏人	音乐制作
许同学	小B（年少时期）	群演	道具制作
张同学	同学	群演	编剧

（续表）

学生姓名	角色A	角色B	幕后职务
赵同学	同学	群演	花絮剪辑
郑同学	群演	举牌人	服装管理
杨同学	群演	小A（成年时期）	协调助理
段同学	同学	群演	剧务
任同学	同学	坏人	音乐制作

课堂上，学生身兼数职，这不仅使课堂参与度得到提升，也让责任感也在每个学生身上体现出来。休息时间我们也能看到学生在积极组织排练。学生渐渐从被动的学习状态转变为主动投入，且愿意与老师探讨、交流。

总之，这门课程为学生搭建了一个合作、交往、协商的平台。在这个平台上，每个学生都能真实地体会到"无论做什么事，对他人负责就是对自己负责"。

三、多样化的呈现

我们的舞剧不光停留在课堂中，为了给学生创造更多的舞台，我们设计了多种多样的展演活动，帮助学生展示才华。《我的颜色》《等》这两部舞剧虽然都不长，时间在 15 至 20 分钟之间，但先后在学校的舞台上展演，获得了全校师生的好评。许多老师和学生都不敢相信这是身边的学生自己创作的舞剧，惊叹的同时对他们大加赞赏。学生对待自己创作的作品就像对待自己的宝物一般爱惜。他们不仅制作了花絮视频，还将演出的视频上传至网络上，发给家长和其他亲友，并骄傲地说："这是我们创作的舞剧。"

事后学生与老师交流了他们的诸多收获。

田同学感慨道："我从一个对舞蹈一窍不通的学生，到走上舞台表演舞蹈，想想都觉得不可思议。我非常感谢我的老师。在《等》这部剧中，我担任背景音乐制作的职务。这活虽然看上去不用出什么力，但实际做起来却不容易。在剧中我还扮演了两个角色，一个是老师，另一个是坏人。这两个角色差别相当大。最初我并不会演，但是在老师和同学们的帮助下，我渐渐找到了角色形象的精髓。这几个月，我们都付出了很多时间和精力。舞剧课使我有了对高二这一年更美好的回忆。我想对舞剧课的所有小伙伴和老师说：'你们真的很棒，谢谢你们！'"

赵同学说："在《我的颜色》一剧中，我是一个群演。虽然只是一个陪衬的角色，但我很认真地完成了剧中的每一个动作，为整部剧的表演贡献了自己的力量。在表演过程中，我体会到了一个演员，只有非常专心地投入剧情中，才能把自己的角色演好；只有不断地练习，才能把角色演到位。整个作品的成功是靠我们所有人努力才做到的。舞剧课使我真实地体验到作为一个演员的艰辛，一个场景要排练很多遍，但是苦中有乐。除了演好自己的角色外，我还负责录制和制作排练花絮视频，在台前幕后为大家记录点点滴滴。这让我全面地了解了演一部剧的全过程。有了每位同学对自己工作的尽心尽力，才有了我们这部剧演出的成功。当演职人员表中出现我的名字时，我感到非常骄傲和自豪。这些经历对我们以后的成长非常有益。《我的颜色》这部剧将会是我高中时代的美好回忆。"

在学生的话语间，我看到了他们为一个共同目标努力付出的持之以恒、走上舞台的心花怒放、沉浸在舞剧创作中的欣喜若狂。他们不仅收获了艺术素养、舞蹈技艺、团结合作意识，还收获了难能可贵的友谊。

四、生态化的氛围

在舞剧编创与表演课上，不光学生的角色发生了改变，老师的职责也发生了改变。在这门课上，老师早已不是传统意义上的教书匠，而是课堂的引领者和研究者。后者与前者的本质区别在于老师以思考者、追问者、探究者和反思者的角色来看待教育教学中的一切现象。当老师以"思考"的目光审视课堂，以"探究"的姿态从事教学，以"反思"的襟怀走进教室，以"引导"的心态教育学生时，就具有了研究者、引领者的特质。

"授之以鱼，不如授之以渔。"教给学生知识，不如教会他们如何学习知识。在舞剧编创与表演课上，学生主动学习，积极思考，踊跃参与实践创作，课堂中师生互动、生生互动热烈活跃。我们的课堂友好、高效、和谐，使学生的情操得到陶冶，审美情趣和审美意识得到提高，人格得到发展，达到了认识、操作、情感、创造的整合，形成了良性循环的生态化课堂氛围。这是让学生从感知舞蹈美、欣赏舞蹈美、发现舞蹈美、创作舞蹈美转为感受自我美、认识自我美、创造自我美及超越自我美的生态化课堂。

》 *严醒媛*

为每一位学生的物理学习而设计

学校进行综合教育改革实验后，家长、学生对新优质学校都充满了期待。如何满足学生对优质学习的期待，成为每一位老师面临的挑战。我们能助力学生自我成长，满足学生走向优质的学习需求吗？

在学校《行动纲要》第 61 条中，我找到了行动的切入点："关注个体成长，尊重并满足多样化的学习需求，为每一位学生的学习而设计。创造条件，设计并提供支持学生个别化学习的环境与资源，努力运用帮助学生进行个别化学习的工具、策略和方法。"

一、基于物理课程进行个性化设计

在十一学校模式"分层、分类、综合、特需"的课程体系下，初中物理作为分层课程也有其个性化的设计。初中物理从初二开设，初二上学期全体学生按照统一的进度和要求学习。一个学期后，为满足对物理特别感兴趣、自主探究能力比较突出的学生的学习需求，学校增设初中物理 H。"初中物理"主要满足学生参加学业水平考试的需求；"初中物理 H"在"初中物理"的基础上进行一定进阶，一般以一个单元或一章为单位，进行课程学习，适合自主学习和自主规划能力较强的学生。"初中物理 H"由学生根据自己的需求选择，同时需要参考学前诊断建议。

2017 年的数据显示，在初二下学期，选择"初中物理 H"与选择"初中物理"的人数比例大致是 1：4。20% 的学生具有持续的自我成长内动力，属于传统意义上的资优生，而 80% 的学生自我认识还比较模糊。

结合实际情况，我们对选择"初中物理"课程的学生发展蓝图进行了整体规划，把关注潜力资优生作为工作重点。首先，在初二下学期动态调整课程设置的人数比例，主动为学生搭建学习进阶的平台，降低学生对物理的畏难情绪。在充分调动学生物理学习积极性，增强学生物理学习信心的基础上，结合学情诊断，鼓励学生积极选择，主动挑战。其次，在初三上学期，以榜样引领和新学期再出发为契机，进一步对潜力资优生进行持续关注和挖掘，帮助更多学生建立对物理学习的自信心。在初三下学期，结合中考目标与拼搏的主题，我们与学生进行个别化沟通。这么做一方面能对学生在物理学习中产生的问题及时进行干预，另一方面能进一步扩大物理优秀学生的队伍。在初二下学期和初三分别有 40 人成为资优生，实现了选择"初中物理 H"的学生比例从 1：4 到 4：1 的巨大转变。

在学校转型实践中，学习、参与课程设计带给我们不一样的视野。社会的发展促使教育工作者探索新形势下人才培养的多元化模式，走向以尊重每个学生个性、促进每个学生发展为目标的个性化教学形态。几年的实践使我们对课程有了新理解、新认识。

二、设计系列化学习订单，满足学生个性化需求

个性化学习的实施需要充分条件，教师需要设计并提供支持学生个性化学习的环境与资源，帮助学生个性化学习的工具、策略和方法。针对学生的物理学习风格和学习特点，依据学习诊断情况，我们设计了不同系列的学习订单，为不同基础的学生提供难易程度不同的学习任务。学生通过完成订单任务达成学习目标。

订单 A 面向"初中物理 H"层中的 23 人，关键词是平台引领、主动反馈、大单元规划。

这部分学生具有相对持续的内动力和一定的探究能力，因此，我们的设计更侧重于建立引领他们学习的物理平台和心理平台，对物理课程进行单元重构，通过单元任务引领他们自主探究、合作探究。首先，学生根据课程内容要求自主规划，自主学习，自主梳理；课上教师重点引领学生建立结构性内容并进行拓展；课后学生自主完善。教师注意引导学生做好月规划和周规划，通过周作业使学生主动反馈和改进学习效果。这样做既能提升学生的学科素养，又能有效解决部分学生"吃不饱"的问题，满足了学生的学习需求。

订单 B 面向"初中物理 H"层中的 33 人，关键词是思想引领、学习伙伴、成果固化。

这部分学生对物理学习有一定兴趣，但相对缺乏持续的内动力，且学习效果不稳定。因此，我们的设计更侧重于课程内容的高效落实，如建立一对一学习伙伴，通过思想引领和同伴学习激发学生的学习内动力，帮助他们攻克学习难点，创设平台引导他们关注学习成果的提炼、固化和迁移。此外，基于学习能力的螺旋式上升，注重对学生进行心理疏导。学生在教师的引导和伙伴的陪伴下逐渐从优秀走向卓越。

订单 C 面向其他 15 人，关键词是多次少量、快速获得、充分鼓励。

这部分学生基础比较薄弱，对物理学习兴趣不高，因此，我们的设计更侧重于课程基础知识、基本技能的落实和提升。我们通过多次少量的学习任务落实基本内容和核心内容，如设计"一道题过关""我是出题人""我们一起来梳理"等活动，引导学生走进物理学习，注意台阶要小，用时要少，任务要少。同时，我们注重及时反馈，给学生获得感，注重鼓励。学生在老师的带领下，能完成初中物理的学习，达到学业水平合格。

订单模式从学生学习基础的差异出发，关注学生的认知起点，以提供不同的学习任务单为手段，能有效满足学生的个性化学习需求、差异化发展需求，使每位学生都能在原有基础上得到充分发展，成为更好的自己。

另外，在新课程标准中，物理拓展型课程和研究型课程也为学生个性化学习提供了空间。

三、基于学生需求，追踪学习路径，突破学习障碍，优化学习路径

有了前期个性化的课程设计和学习订单规划，在具体操作时我们仍会面临各种各样的问题。比如，"我找不到物理书""物理太难了，我学不会""我努力了，怎么一直没进步""我想冲击满分"等。为了使前期的设计得到有效实施，还需要结合学生的认知特点进行个性化的学习路径分析，从学习障碍入手进行突破，从而优化学生的学习路径。

针对"我找不到物理书"的习惯障碍，我们可以借助学科袋等小工具克服。针对"物理太难了，我学不会"的知识障碍，鉴于中学生对直观形象材料的记忆优于对抽象材料的记忆、对图形的记忆优于对词语的记忆、理解记忆逐步成为主要记忆手段等特点，我们可以借用身体语言进行突破。针对"我努力了，怎么一直没进步"的方法障碍，基于中学生的逻辑思维需要经验、方法支持的特点，我们可以借助学习伙伴来破解。针对"我想冲击满分"的能力障碍，我们可以巧用高阶思维引导学生应对。

学生在学习过程中，需要一连串的自主选择活动，从学习目标、学习内容、学习方式到学习手段，无一不是选择的结果。物理个性化教学的课堂，需要教师提供丰富的学习资源和多样化的组织形式。只有这样，学生才能根据自己的知识、经验、兴趣、需要等主体因素来选择那些最适合自己、对自己意义最大的内容作为学习客体，根据自己的学习能力和学习风格选择最适合自己的学习方式开展学习。因此，个性化课堂教学需要在教

学内容、学习训练、实验方法、学习小组等方面提供选择。这对教师形成挑战。

四、培养学习的主人

教师通常有教学的自主性，而学生不一定拥有学习的自主性，不一定觉得自己是学习的主人。在一个以学生为中心的学习文化里，我们要把学生培养成为自己学习的主人。当学生成长为具有自我管理能力的学习者时，学科能力的提升只是"副产品"，更重要的是学生作为人的成长，他们具备了学习的内在动力和"当学习的主人"的意识。

我们经历了从"不讲怕学生不会"到"讲学生不会的"，再到"给不会的学生讲"这样的阶段。教师应注意减少对学生学习的控制，要相信学生的学习能力和学习欲望。教师可以设立学习目标并组织学习内容，但如何学、花多长时间学、学到什么程度，应由学生基于个人兴趣和动力自行决定。这种方式可以让学生获得学习的自主性，同时教师应关注学生非学业能力的培养，帮助学生学会学习。

世界上没有两片完全相同的树叶。每个学生都是独特的存在，具有相对完整和独立的内心世界。适合的才是最好的。在教学过程中，我们以平等互爱为基本原则，尊重每个学生的个性和人格，并不断反思自己的教学实践，也在反思中逐渐成长。

》姜利娜

小学段，我们独一无二的课程

　　小学段是十一学校模式独有的。对学生而言，这是一个蓄势待发的时段。在这段时间里，他们会暂时停下前行的脚步，停止传统意义上的学习。但这既不是放假，也不是休息，而是在这段时间里自主学习。

　　小学段共有两周时间，一般安排在期中诊断后。第一周，学生在校自主学习（自主学习周）；第二周，学生进行校外游学。

　　下面，我想跟大家分享我们小学段自主学习周的课程设计，看看我们在小学段会做些什么。

一、小学段课程的实施目标

　　在设计课程前，我们首先要做的是确定小学段的课程目标。课程目标就像学科教学目标一样，不能随便设定，必须依据学生的需求、特点和能力等来确定。在确定课程目标前，我们先了解了十一学校小学段的总目标：

　　①通过与教师协商互动，学生学会反思上一学段的学习，从查缺补漏、弥合断层、专项夯实、挑战摸高等方面评估自身的学习情况，发现优势，改进不足，在合理规划中达成目标。

　　②通过主动参加各种学科活动，学生形成跟踪、反馈、改进、自我调节等学习策略，提升自我效能感，从而能为自己的学习负责。

③通过师生共同设计、协商、参与、陪伴，逐步构建、调试、完善师生关系和生生关系，助力学生学会学习。

以此作为参考，我们确定了此次年级小学段的课程目标：学生能够查缺补漏，拓展提升，内化学科知识。在小学段期间，学生重要的任务之一就是查缺补漏，拓展提升。学生可以利用自主学习和援助课时间，在自己的薄弱学科上多下功夫，通过自我思考、同伴合作、师生讨论等方式，解决上一学段遗留的学科困惑，争取让自己与学习能力强的同学再次站在同一起跑线上。同时，可以让强项学科在这一周内得到拓展提升，让自己的学科优势发挥得更加充分，并带动其他学科的学习，使得"长板效应"得以充分发挥。

此外，在这一周内，我们会组织丰富的学科活动。学生可以在不同的角色体验（如当选手、观众、主讲、策划人等）中发现优势，在同伴合作中构建友谊。

总之，我们着力让学生学会自主规划、自主学习、自由选择，在规划和选择中提高自我认知能力，发现自主学习的快乐和魅力，找到自信。

二、小学段课程的规划和实施

为了实现课程目标，项目组老师提前进行规划。首先，大家共同学习和思考十一学校的小学段规划理念，结合年级学生需求和学校特点，探讨确定课程目标。之后开始正式筹备小学段课程。为了让学生对各学科和项目组等有更深入的了解，学科老师和各项目组设计各类课程，如援助和提升课、学生讲堂和学科活动等。同时，我们鼓励学生申报学生讲堂，展现个人风采，让学生在分享过程中发现更好的自己。接下来在宣传海报发布小学段的主题和课程目标，以及对学生的学习期待等。在此过程中，小学段规划书是必不可少的工具。学生在规划书的引导下进行课程选择，并根据学段测评及教师建议，对自己上一学段的学习进行自我评估，确定自己的学习目标，进行自我学习规划，并形成与目标、规划相一致的学习成果。之后，学生依据规划书参加各种课程。最后，进行小学段总结。教师根据小学段积分规则，统计学生的学习得分，颁发相应的奖品，鼓励学生在下一个小学段继续尝试不同角色，提升自信心和同理心。

年级部分学生通过微信公众号对小学段进行总结，让更多人了解小学段，了解十一学校模式育人理念的独特性和前沿性。项目组也通过调查问卷，收集学生对小学段的整体感受和评价，从而明确学生的需求，以确定下一次小学段课程的方向。

三、小学段规划成果

经过精心的课程规划，我们取得了以下成果。

成果一：大量的自主学习、丰富多彩的学科活动、学科援助课、心理讲座、各项目组的主题活动、体育活动、学生讲堂、教师专题讲座、趣味课程和游学讲座等。

成果二：小学段课表（教师版）。内容包括小学段期间每节课的课程名称、课程人数、教室需求等。课表能帮助每位教师了解小学段的所有安排，也为学生在云平台选课做好铺垫。

成果三：宣传海报。

成果四：小学段主题规划书，这是小学段的精髓。主题意义下的规划书，对学生达成学习目标意义重大。规划书呈现了小学段所有规划、规则、任务活动、可选课程等，是学生必不可少的学习脚手架。那么，如何设计主题规划书呢？

（一）主题规划书的设计过程

首先确定规划书的主题。主题应具备以下特点：

①与小学段课程目标相融合。

②有趣味性，符合学生的年龄特点，能吸引学生。

③学生从中可得到学习的力量。

④需贯穿始终。

⑤具有可挖掘性，可深度嵌入小学段课程。

受电影《疯狂动物城》启发，本次小学段我们以"疯狂动物城"为规划书的主题。主题确定后，规划书的内容就是下一阶段的重点规划对象。要实现课程目标，并符合主题意义，规划书的内容应具备以下特点：

①围绕课程目标，并与主题紧密结合。

②学生能从中感受到与日常学习的不同。

③易懂、有趣，符合学生的年龄特点，能激发学生的兴趣，提高学生的主动性。

④包含评价量规，可评估学生的学习成果。

确定规划书的主题和内容特点后，正式开始设计规划书。

在规划书开始部分，以"我"的身份带领学生走进小学段之旅。"我"先引导学生回顾电影《疯狂动物城》中的主要人物、情节和其背后的意义。再通过"穿越"的形式，带领学生走进疯狂动物城，开启学生实现梦想之旅，引导学生了解本次小学段的课程目标和大体内容，以及"穿越"路线图。

"穿越"正式开始前，"我"引导学生熟悉我们提供给他们的关于实现梦想之旅的规划和落实的建议（建议与主题紧密结合）。

"穿越"正式开启。"动物城警察学校 —— 认识你自己"：学生借此可以进行自我评估，为确定学习目标做好铺垫；"疯狂催化剂"（自主学习建议单）＋"适应性催化剂"（学科活动、援助课程、学生讲堂等）：学生借此可以了解学习任务和可选择的课程;"我的梦想规划(一)":学生可以规划自己要重点提升的项目,明确所需的工具包;"我的梦想规划(二)":学生可以对每天的自主学习进行规划,每天学习结束后可以记录学习成果,总结收获,反思不足。

"穿越"结束后,学生要完成"我的梦想实现总结记",以各种形式总结自己在小学段中的学习情况 —— 进步、不足、体会和感想,并对下一个小学段的设计提出建议和期待。同时,填写"梦想积分卡"和"积分统计表",按照预期目标生成学习成果,形成可积淀、可分享的学习策略和经验。

(二)主题规划书的设计成果

设计成果一:动物城警察学校 —— 认识你自己。学生根据学段诊断和学科教师的建议,了解自己的强项和弱项,确立自己的学习目标,进行有针对性的突破和提升。这是学生必要的自我认识过程。

设计成果二:我的梦想规划(一)。有了清晰的学习目标后,学生利用自主学习周规划突破弱科,加强强科。

设计成果三:我的梦想规划(二)及落实情况。这时,学生的规划意识和能力增强,做出的规划具体清晰、可量化、可达成、有时限、可评估;学生也重视每天规划的落实,对未完成的任务需进行调整有了初步认知,自我评估与反思也更加客观理智。

设计成果四:我的梦想实现总结记。在这一阶段,学生对自主学习有了更深的感悟。他们采用不同的表达形式,比如思维导图、分类分析等,运用批判性思维分析自己的小学段。他们分析自己的学习情况,表达对小学段的感受,提出对小学段的建议,并对下一个小学段的目标做初步规划。这些都表明了学生对小学段自主学习周的参与、认同和期待。

设计成果五（规划落实、激励机制）：积分游戏很好地激发了学生的学习热情，可以鼓励学生积极自主学习，参加学科活动等。

四、小学段课程实施成果

对小学段课程，每个学生都有不一样的感受。下面我们一起看几位学生的体会。

在小学段中，我通过各种课堂和活动获得了许多新知识，巩固了上一学段的学习成果，也发现了自己的不足。我加强了自己的薄弱学科 —— 英语的学习，并且为此做了具体规划。我会坚持学习规划好的内容，希望在下一学段可以提高自己的成绩，成为更好的自己。

—— 王同学

这个小学段我参加了很多次学生讲堂，学到了很多不同的知识。例如，全等三角形的判定、工业革命等。我自己也讲了两堂课，尽管发挥得不太理想，课堂不够活跃，甚至还有点儿冷场，但我还是收获了经验和自信。这些有趣的课程让我明白，学习不只是学课本和刷题，我们还可以从不同经历中学习。

—— 刘同学

通过自主学习，我发现了自己的一些问题。例如，效率不高，"坐不住"等，同时我也正在努力克服这些缺点。另外，我也懂得了知识需要及时复习才能记得更牢固，有针对性地学习可以让自己变得更加优秀等。总之，小学段让我收获了很多，期待下一个小学段。

—— 李同学

五、课程改善途径

小学段结束后，结合学生的需求和建议，我们对小学段课程有了一些新想法。

①增加小学段学习品质评估量规，为学生建构自主学习评价标准。

②实现完全自主学习，取消或调整学科建议，由学生自主规划学习课程、内容及时长。

③学生可主动申报学科援助课，增加学科提升课程。

④增加趣味课程，带领学生走出教室，接触更多与学科相关的事物。

⑤搭建师生互动平台，创造机会，如师生一起散步、比赛等构建和谐师生关系。

⑥增加家长讲堂、亲子互动等活动。通过家校合作，培养和谐亲子关系。

⑦增加自由阅读课程，学生可尽情阅读自己喜欢的书籍来发展智力和学习能力。

⑧将小学段激励机制与过程性评价相结合，从而更有效地促进学生规划的落实。

小学段课程，对学生的成长和发展意义非凡，对教师也一样。在这期间，我们需要精准地识别学生的学习状态，并给予个性化指导，为下一学段做好准备。我们需要开发更多合适的工具助力不同的学习方式，创造教育契机，用自己的言传身教去带动更多学生"走进学习"，构建良好的师生关系。因此，对每一位教师而言，小学段也是促进自身成长的宝贵经历。

　　小学段带给师生不一样的经历和体验，让我们明白了教育和学校的意义 —— 让每个人在认识世界的同时认识自我，学会选择，明确目标，拥有终身学习的能力。

　　　　　　　　　　　　　　　　　　　　　　　　》任晓圆

德育课程引领学生成长

看到学生的中考成绩时，我是激动的，也是自豪的。又是一个毕业季，这个毕业季不同于以往。

别人家的孩子

2019年中考成绩541分，初中连续三年获得海淀区"三好学生""优秀学生干部"称号，多次荣获奖学金。2018年被评为北京市海淀区优秀共青团员。这就是"别人家的孩子"——李同学。

2016年9月，李同学刚升入十一实验中学时，是一名普通学生。小学期间，她没学过"奥数"，课外没上过英语、作文等各种辅导班，学习成绩一般，性格有些内向。

进入学校后，新颖的选课走班模式激发了她的学习兴趣；分层教学方式让她得到了自由成长的机会；一视同仁的老师们，对她和每一位同学一样关心、关爱，让她感到阳光般的温暖；良好的同学关系，让她收获了真诚和友谊……这一切让李同学感到幸福与快乐。她慢慢地发生了蜕变，变得好学上进、乐于助人。性格也变得自信、活泼、开朗，学习成绩也在不知不觉中提升，有时还会名列前茅。这一切形成良性循环。正是十一实验中学这片独特的土壤使一名普通的学生变得优秀，乃至卓越，成长为大家眼中"别人家的孩子"。

李同学的这些变化与成绩的取得，与学校和各位老师的辛勤付出是分不开的。衷心感谢十一实验中学，衷心感谢十一实验中学的各位老师！

这是李同学爸爸在她中考之后，看到成绩时写的感受。这样的家长感言还有许多。很多家长通过不同方式表达了他们对学校教育的认可。但在三年前，当学校决定在这届初一年级采用选课走班这种教学组织形式时，无论是老师还是家长都有很多担忧。

作为十一实验中学第一届选课走班教学组织形式的实践者，我还承担年级的教育顾问工作。对教育顾问该如何开展工作，开始时我感到很迷惑，后来才不断明白。几年的实践，让我和学生一起成长。

一、新的困惑

新担任教育顾问的我一直在思考：教育顾问应该做什么工作？

初一一年围绕年级关键词"规则·规划"，我们与导师、自习项目组合作，重点抓学生规则意识和规划能力的培养。我们采用指导学生做规划表的方式对学生进行引领。教育顾问约见没有做好规划的学生，单独对他们进行个别化帮扶。

升入初二，年级的关键词变为"内动力·情绪管理"。怎样启动内动力，怎样进行情绪管理，一直没有明确的方向。要等学生出现问题后，教育顾问再介入吗？这样的教育符合选课走班教学组织形式的追求吗？这与年级倡导的"培养学生自主学习、自我管理"的教育理念又该怎样契合？

二、课程构想的起源

暑假期间，我们与十一学校的老师一起参与假期封闭学习。在这次学习中，我不断领会到"引导学生学"的理念：设计单元教学时，要先明确学生学习这个单元最终要实现的目标是什么，用怎样的方法来实现这个目标，要给学生提供怎样的学习工具来辅助实现这个目标。

在反复思考的过程中，我想到，教学需要目标先行，那么教育是不是也应该这样呢？能不能把教育的内容也做成课程，让学生从学期或学年开始就知道这学期或这学年的教育目标，清楚地了解本学期或本学年应做到的事情，从被动接受到主动规划，让教育收到最大效果？这样，教育顾问就不会总在等待工作了，就不再是救火队员、警察的角色了，而可以主动作为，引领学生，成为学生的引路人、陪伴者。

三、课程设计

（一）制定课程目标

暑假后，学校开始分散办学，学生进入新环境。同时，初二学生也进入分化期，学习任务加重，年级的重点工作将围绕"内动力·情绪管理"进行。我们从学情出发，进行风险排查，确定本学年的德育课程目标（见表8）。目标在表述时以学生为主体。

表8 德育课程目标

教育目标（我能够）		评估证据	评估方法
常规目标	校服规范	行圆分	①打造我自己的品牌 ②调查问卷 ③讲座 ④海报宣传
	礼仪文明		
	守纪准时		
	遵守手机使用规定		
	安全使用电梯		
情绪目标	礼让低年级同学		
	与朋友融洽相处		
	面对挫折不放弃		
	冷静对待问题		
学业目标	落实规划	进步	
	形成学科优势		

（二）确定课程核心活动

为落实课程目标，我们对初二、初三的德育进行整体考虑。经过反复思考，我们设计了"打造我自己的品牌""成就我自己的品牌"的德育课程，让学生通过寻找、发现、创建、成就自己的品牌，实现自我发现、自我教育、自我反思，获得成长。

四、课程实施

（一）初二年级课程实施

初二第一学期，主要实施"打造我自己的品牌"德育课程（见表9）。

表9 "打造我自己的品牌"德育课程

时间	课程内容	课程工具	评价
8月底	制订第一学期德育课程计划 设计课程海报	海报	月度综合百星 行圆标兵 学科奖 卓越学生 优秀学生 专项优异学生 区三好学生 优秀干部
9月第一周	课程目标宣讲 "打造我自己的品牌"主题活动启动	"打造我自己的品牌"个人风采表	
每月底	指导学生总结自己在这个月中表现最突出的方面，作为自己的品牌在班里交流		
学期末	学生设计自己的品牌名片在班里展示	品牌名片	

①开学初，我们与咨询师、诊断与评价项目组合作设计德育课程海报，明确本学年学生自我教育的目标，并将其张贴在楼道里，让学生一目了然。

②开学第一周，利用导师见面会，我们向学生宣讲本学年的德育课程目标及活动主题，让学生明确自己的努力方向。

③每月底进行月度综合百星评比。我们让学生总结自己在这个月中表现最突出的方面，并将其作为自己的品牌在导师班里交流，让大家互相学习。

④学期末，学生设计自己的品牌名片在班里交流，由导师为他们颁发奖状。

初二第一学期，我们主要引领学生寻找、发现自己的品牌，也就是自己做得最好的方面。目的是让学生认识自我、审视自我，从而达到教育自我的目标；同时让学生做到行为规范，学会控制情绪，并激发学习的内动力。我们强调学生自我教育，教师只起引领、提升作用。这改变了以往"教师说教，个别人进步"的情况。通过一个学期的教育活动，特别是学期末导师班品牌名片展示环节，我们发现每个学生都找到了自己最突出的方面，他们都有成功感，有收获，从而变得更加自信。

初二第二学期开学后，德育课程进一步深化。

①我们制订了下学期的工作计划，与小学段项目组、诊断与评价项目组、自习项目组等合作，微调了月度综合百星的评选条件，给更多学生上榜的机会，努力实现"多一把尺子评价学生"。

②第一周，每个学生根据自己在上学期"打造我自己的品牌"活动中的情况，制定本学期继续深化的目标，填写目标书，在导师班里交流。

③学生每月总结自己本月的情况。

④与小学段项目组合作，挑选各方面有特色的学生参加"向行动致敬"的学生讲堂活动。

⑤期中诊断后，学生调整自己的目标。

⑥学期末，根据本学期的表现，学生书写自己的品牌故事，并在班里交流。

（二）初三年级课程实施

初三德育课程如表 10 所示。

初三课程是初二课程的延续，以"成就我自己的品牌"为主题，围绕"勇气·目标"引导学生为实现目标而努力。

表 10　初三德育课程

时间	课程内容	课程工具	评价
8 月底	初三入境教育	"我的开学宣言"海报	月度综合百星 榜样人物 优秀团员 "行圆"标兵 学科奖 卓越学生 优秀学生 专项优异学生 区三好学生 优秀干部
9 月	我离目标有多远 —— 我的目标	成就我自己的品牌 —— 目标篇（一）	月度综合百星 榜样人物 优秀团员 "行圆"标兵 学科奖 卓越学生 优秀学生 优异学生 三好学生 优秀干部
	寻找我的学习榜样		
	找到我的学习方法 —— 有效利用时间		
10 月	品牌人物榜	成就我自己的品牌 —— 品牌人物榜（学习篇）	
11 月	我的期中我规划	我的期中规划 成就我自己的品牌 —— 目标篇（二）	
12 月	期末目标修订		
第二学期 2 月	奋斗需趁时 —— 挑战不可能		
3 月	百日誓师		
5 月	为了目标努力冲刺	成就我自己的品牌 —— 冲刺篇	
6 月	关注学生心理调适		

①开学初，开展初三入境教育，每位学生写下"我的开学宣言"，为初三的学习生活定下方向。

②开学后启动升旗课程，围绕主题设计了四次专题活动。

③第一次月考后，我们与咨询师配合，共同打造品牌人物榜，让榜样发挥示范作用，帮助更多学生找到进步的方向。

④第一次统考后修订目标。

⑤期末考试后，协助年级分析每个学生的情况，帮助学生提升弱势科目。

⑥"一模"考试后，通过升旗课程帮助学生树立信心，冲刺中考。

⑦"二模"考试后，关注学生心理调适，开好年级会。

五、案例呈现

在三年的主题教育活动中，我们欣喜地看到学生逐渐成长起来，面对各种挑战，他们变得更加自信、从容。

（一）做最好的自己 —— 自主规划

李同学是年级团支部书记，成绩处在年级前列，每天生活很充实。从初一到初三，在老师的引导下，她学会了更合理地规划时间，最大的变化就是从"要我做"变成"我要做"。

在初三繁忙的学习生活中，经常能看到她在课堂上与老师讨论、交流，在课下与同学互帮互助。中考时她取得了优异成绩。

（二）做最好的自己 —— 每个人都有自己的品牌

期中考试后，我们在名著阅读课上引导学生读鲁迅先生的《朝花夕拾》。我们设计了主题活动：仿照鲁迅先生的这本书，以两年四次的游学活动为素材，选取印象深刻的内容，写四篇散文和小引共同构成自己的"《朝花夕拾》"，边读边写。从最初仿写小引，到后面一篇篇游记的诞生，学生都积极参与。其中宋同学给我们留下了深刻印象。

最初，他并没有完成任务。在一堂作文课——演讲词的写作中，我带学生观看了演讲《父亲》的片段，并分析此演讲的特点。之后，宋同学仿照这篇演讲词，写了一篇《我的爷爷》。阅读作文后，我表扬了他对爷爷的敬佩之情，并提了一些修改建议。当天他就进行了修改。借着这个契机，我让他写写游学的生活，也出一本自己的"《朝花夕拾》"。他没有拒绝。也许正是这一次触动心灵的演讲词写作启发了他，短短几天，他的文集就初步成型了。在其他同学的作品陆续展示的激励下，他的作品也终于完成了。当我把打印好的文集交给他装订时，他一脸兴奋。装订好后，他满教室找能展示他作品的地方。

宋同学这次的表现也是"成就我自己的品牌"活动的延伸。宋同学是年级中爱玩的学生，特别喜欢打篮球，在运动场上总能找到他的身影。为了引导他发挥这个特长，小学段的几次篮球赛都由他协助老师策划、组织。他在活动中发挥了积极作用，得到了同伴们的认可，威望较高。在这次名著阅读、仿写中，他积极认真的态度，让我发现学生都有各自生动的一面，就看教师能不能找到契机，激发他们自我学习的内动力。正如李希贵校长所说："让每一个学生都能说'我行'。"要给学生创设多样的展示自己的平台，提供发现自己潜能的机会。在这一过程中，他们会找到自己的优势，获得自信。这次写作经历，让宋同学发现他也可以写好一篇文章，可以找到自己的品牌。

（三）做最好的自己 —— 成就自己的品牌

三年时间让董同学成为年级同学的学习榜样。初一时不突出的他在初二时找到了目标，他在艺术节展演、学生讲堂、英语配音大赛等各种活动中展示自己。他本可以去十一学校学习，但他坚定地留了下来。这里有他的快乐，有他熟悉的老师、同学。他没有上过任何辅导班，但在初三第一次全区统考中，他取得了优异成绩。

初中三年，他一步一个脚印，按照年级的要求执着地努力着，最终实现了自己的理想。

关注学生个体的成长，尊重并满足学生多样化的学习需求，为每一位学生的学习而设计，给每一位学生装上自主发展的发动机，这就是我们三年来对学生进行德育引领的原则。我们努力帮助学生实现他们的目标，实现学校德育课程的目标。

六、经验与反思

（一）德育课程的顺利实施，是年级全体教师合作的成果

三年教育顾问工作，在年级老师的共同协调下顺利开展。三年来，我们与年级咨询师、诊断与评价项目组、活动顾问等合作，在课程目标的引领下，开展了初三入境教育、每周一升旗课程、百日誓师等大型活动，组织了中考体检、体育考试等工作。年级的德育课程在全体老师的共同协作下，顺利完成。

我们为年级中需要特殊帮助的学生提供了个性化服务。我们参与特

殊学生的教育工作，不定期与学生沟通，了解他们的思想，关注他们的言行，解决学生间的矛盾。我们组织了年级综合素质评价收官工作，做好每一位学生的评价汇总、公示、确认。我们定期组织导师交流，提示导师见面会相关内容，协助年级任课教师共同做好学生的教育工作。在日常巡查中，我们关注学生的动态，发现问题及时反馈。

（二）德育课程实施后的思考

看到学生的中考成绩，老师们真心为他们感到自豪，我们做到了陪伴、服务学生，助力学生成就最好的自己。

活动中总有很多令人难忘的教育过程。忘不了入境教育中陪学生走过悬索桥，克服恐高的心理，鼓励学生勇敢前行；忘不了新初一入学时学生在开学典礼上自信的笑容；忘不了第一次月考后，引领学生的榜样们分享的各种学习方法；忘不了周一升旗课程对学生的帮助；忘不了第一次全区统考后教师对每一位学生进行的目标定位分析；忘不了百日誓师大会上学生看到家长信时感动的泪眼；忘不了中考时学生自信迈入考场的步伐；更忘不了毕业典礼上学生对老师表达的真挚谢意。

回顾三年的教育顾问工作，我们看到了在新模式下教师自身发展的潜力，也感受到了与学生共同成长的快乐。我们将不忘初心，陪伴更多学生快乐、健康地成长！

》 王月

毕业课程 —— 开启人生的任意门

毕业典礼是充满无限可能的人生必修课，承担着重要的育人功能。经过三年转型，我们发掘毕业典礼的深刻意义，将其仔细打磨成课程，使其不仅作为学生走向人生新阶段的仪式，也能更好地发挥教育功能。

一、课程目标

高中毕业是人生的重要节点，高考后，学生将经历人生轨道的重要切换，从相对单调的高中学习生活转向复杂的社会生活，逐渐发展成为一名能够对自己负责的社会成员。因此，在确定课程目标时我们考虑到，毕业课程不应局限于对高中阶段的梳理与回顾，更应着眼学生未来发展的多种可能，帮助学生尝试新的角色与身份，在课程中真实体验不同类型的职业，启发学生对未来人生进行深入思考。

经过一次次的讨论，我们逐渐明确了学生在毕业课程中需要达到的目标："我可以感知到高中阶段自身的变化与成长，感恩来自家庭、老师、同伴的支持与帮助，清晰地认识到自己将承担的责任，开始逐步明确自己的人生规划，并抱有信心地开启未来崭新的人生阶段。"我们希望毕业课程不仅能让学生怀念与铭记美好的三年高中时光，更能给予他们在未来人生路上不断进取的信念与启迪。毕业课程虽然时间短暂，但将成为一个重要的人生仪式，提醒学生就此开始深入思考自己的人生规划。

二、课程内容

毕业课程内容主要包括毕业典礼、毕业歌曲《任意门》及其 MV 创作、毕业纪念册制作、公众号推送四部分。作为本次毕业课程的核心活动，毕业典礼承担着最重要的教育意义。经过讨论，我们决定，保留走红毯进入"成人门"、普法教育及宪法宣誓、颁发毕业证、老师家长发言等，创新点主要集中于流程设计、环境布置以及具体的执行方式。活动设计力争立足学生的主体地位，更多地考虑学生的状态与感受，努力让学生在每个部分、每个环节中都有收获，以更好地实现毕业课程的具体目标。

三、课程实施

成功实施课程离不开恰当的目标，我们希望这次毕业课程能与众不同。学生是课程实施与学习的主体，老师为学生搭建展示的舞台。为此，我们将课程策划工作拆分为四个小组：①毕业典礼筹备项目组；②场地项目组；③毕业歌曲 MV 项目组；④纪念册制作组。高考结束当天下午，我们在学校公众号上发布了毕业课程策划招聘信息。

各位同学，大家好！

紧张的高考已经结束，6 月 15 日我们将举行毕业典礼和成人仪式。为了策划出大家喜爱的活动，现在面向全年级学生进行招聘。

招聘岗位如下：

1. 毕业典礼筹备项目组

需要策划、主持人、节目带头人。

2. 毕业歌曲 MV 项目组

只要你敢唱歌，请你一定来找我们。我们将带大家到专业的录音棚进行录音。

3. 场地项目组

负责场地布置、场控以及电脑管理（如果可以，尽可能自带笔记本电脑）。

4. 纪念册制作组

毕业典礼项目：剪辑视频；纪念册项目：纪念册制作并非 15 日前结束，但要争取最迟在领成绩单那天印刷出来。

由于只有不到 5 天时间，请各位同学于 6 月 9 日上午前找魏老师报名。6 月 9 日下午策划工作正式启动。

我们在日常教学过程中非常注重对学生进行个性化辅导，在活动课程中更需要积极引导每个学生主动参与，这样才能实现育人效果更大化。最终，我们共收到 38 名学生的报名申请。由于时间紧，高考结束的第二天，我们就将报名的学生集中到一起进行讨论。首先，我们共同确定了毕业典礼的主题。基于课程目标老师们初步确立主题为"任意门"，寓意学生走出校园，进入社会后会遇到各种可能。学生说主题应该有更直观的寓意，因此将主题优化为"任意门——无限可能"。

确定主题后，毕业典礼筹备项目组的学生制定了流程单，并将收集照片的任务分配给纪念册制作组的同学。可大家很快就发现，传统的毕业典礼形式容易让人感到疲倦，人们的参与度非常低——"台上来回换人发言，台下的人就在听着，没有参与感"。大家各抒己见："我们要给他们带来惊喜。""加入有意义的游戏环节以活跃气氛。"

学生在策划这种大型活动时总有一些顾虑，总在想自己策划的活动会不会有不完善的地方，在确定好环节后老师可能不同意——他们总担心活动是否符合老师的预期。在这个环节，我们给了学生充分肯定，让他们放心大胆地去实现自己的想法，以同学们喜闻乐见的形式来策划各种活动。他们是多才多艺的，讨论能让他们迸发出更多灵感与创意，从而更能实现毕业课程的目标。

毕业歌曲 MV 项目组的学生在紧张地讨论用什么歌作为主题曲，最终他们一致认为，《任意门》这首同名歌曲虽然比较难唱，但符合毕业课程的要求和他们的感受，大家决定克服困难，于是拿起歌词果断进行修改。随后确定时间彩排合练，并由杨老师带领他们前往录音棚录音。

场地项目组和纪念册制作组的学生共同挑选了每一位同学三年中的宝贵瞬间。他们为每一位同学都制作了海报，上面包含秘密收集的家长寄语，并预留了点赞、签名空间。他们将全年级学生的海报张贴在会场的墙面上，这样可以让师生、家长到达会场后一起签名留念、充分互动，而不是枯燥地等待仪式开始。

毕业典礼当天，许多学生都与自己的海报拍照或邀请亲朋好友合影留念。一个个生动的签名既是高中阶段情谊的见证，也是支撑每一位学生走向未来的坚定力量。活动结束后，学生可以将自己的海报带回家珍藏起来。

四、课程亮点

这次毕业课程有以下亮点。

（一）以学生为主体

以往的毕业活动往往只是一个特殊的纪念仪式，设计者更多关注活动的新颖性与创新性，而忽略活动的教育目标。毕业典礼作为毕业活动的主要承载形式成了感动与感恩的代名词，成了各种情绪集中表达与各种才艺集中展示的大舞台，鲜花与泪水背后，却鲜有更深层次的教育价值。

我们这次毕业课程则有明确的目标。热情积极又富有想法的学生是本次毕业课程策划与实施的主体，"招聘"这种形式让学生积极参与活动的设计。每位学生走红毯时，主持人都会郑重介绍并送上祝福语；校长为每位学生颁发毕业证书时，屏幕上都会清晰呈现策划团队精心为学生准备的个性化寄语。这些细节凸显了学生的主体地位，让每个学生都成为课程活动的主角，拥有自己的高光时刻。

（二）神秘、自主的活动设计

老师给予学生充分信任后，学生就能够创造更具特色的活动。这次毕业典礼总共进行了两次正式彩排，其中很多环节都是需要老师回避的。每当这时，学生都要求老师暂时离开，由他们自己去熟悉场地，分配任务。这体现了学生策划活动的能力和信心。

毕业典礼当天，老师们惊讶于各个神秘的环节。

①用随机采访的形式请老师发言。这是策划讨论时学生提到的，他们认为，如果让学生、老师上台发言，会太正式，不符合课程目标，所以，将学生感言和老师发言变成在活动中随机采访的形式：采访同学时，"不经意"地采访老师。被采访的学生和老师都是没有经过准备的，以此增加活动的趣味性。

②家长为老师献花，给老师送锦旗。在一次彩排中，负责策划的学生接到一个电话。电话是一位同学打来的，询问是否可以在典礼环节中加入家长为老师献花这一环节，给老师一个惊喜。一位学生接过这个任务，负责和家长沟通落实，并与负责策划的同学共同修改典礼流程。

③王同学和刘同学的配音秀，把每位老师和动画中活泼可爱的小动物相匹配，展示了老师在教学和生活中的幽默风趣。这体现了学校融洽的师

生关系。黄同学在节目中还邀请了上一年毕业的李同学一起表演，共同感谢老师，感谢学校。

（三）学生为老师颁奖

筹备项目组的学生用心为年级每位老师颁发奖状，并且配有独一无二的颁奖词。例如，他们为获得"最博学奖"的牛老师书写的颁奖词是："您博学多才，谈笑间难题迎刃而解，赢得赞声如潮。您灵犀一点，挥手处指尖妙笔生花，引出感悟万千。一支笔，构筑出缤纷的三维空间；三尺讲台，描绘着多彩的数字世界。大爱无言、平易近人是您的品质，精讲细练、认真负责是您的风格。"

（四）让人眼前一亮的变动

毕业典礼前一天，我们对"成人门"进行了布置。典礼当天，学生和家长共同走过"成人门"并合影留念，然后由校长实行拍肩礼为学生送上成人祝福。学生自己改编的典礼主题曲《任意门 —— 无限可能》MV 播放完毕后，没有往常毕业典礼主持人的隆重谢幕。本次活动没有明确的结束仪式，MV 播放完毕后大屏幕上展示"向未来出发"几个大字。这看似草草收场，其实是在传递本次课程的核心理念："毕业不是结束，而是一个新的开始。"当学生离开会场时，"成人门"已经被替换成"任意门"，旁边的展板上呈现一张通往未来的车票。这更让学生感受到崭新生活已经开启，从而自信满满地迎接人生的无限可能。

五、课程评价

活动结束并不代表课程结束。参与毕业课程本身也是一个学习的过程。学生在从设计到执行的过程中不断感受与领悟发展自我的道理。

毕业典礼后，老师通过公众号推送将课程升华和延续。除了深入挖掘典礼中一些环节的教育目的，还总结了在毕业课程进行过程中发现的负责策划的学生的闪光点。

例如：

①典礼当天领誓的学生因为生病没法到场，得知这个消息后，毕业典礼筹备项目组的学生立刻找到赵同学敲定领誓环节和时间，赵同学立刻练习；有老师因工作原因无法到达典礼现场，他们立刻找同学帮助领奖，还为老师制作了可爱的人形立板。

②告诉大家很多有关毕业典礼的"小彩蛋"。比如，主持人背后大屏幕上显示的"毕业典礼"四个字是由高同学书写的；主持词以及歌词中出现很多次的"蜕变"是年级期刊的名字等。

③游戏环节事先准备好的抽奖软件在三台电脑上都无法运行，学生群策群力充分利用场地内椅子的颜色成功抽取了想要的"幸运儿"。

④改编《任意门》歌词的符同学，用歌词激起所有人的回忆。

符同学自己编曲、编词，用歌曲描绘了自己在学校三年的感受，感叹时光流逝，并邀请他的任课老师参与背景音乐的制作。在无法到学校录音棚录音的情况下，他努力寻找相关软件以满足歌曲制作的需要。他学会了使用新软件，创作的歌曲让毕业典礼进入高潮。

物资采购、会场协调、流程监控，为此学生与社会上的各种角色打交道，教师只是提醒、帮助。事实证明，每一位学生都是一座富矿，他们在给教师颁奖、节目编排、游戏串联、主持词与课件制作等环节带给老师许多感动与惊喜。高考结束后，学生在毕业课程实践中不断成长。一场成功的毕业典礼、一本精美的毕业纪念册、一首饱含深情的毕业歌都是对他们的努力的极好肯定。这些经历与感受增添了每一位策划者、参与者应对未来挑战的信心。

苏同学写道："青春无悔，未来可期！"这次毕业课程实践坚定了我们活动课程化的信心，鼓舞我们继续深入探索如何更好地挖掘各类活动中的育人元素，更好地实现以学生为中心的教育理念，更有效地助力学生成长。

》周旭明　魏添君

转型期间美术教育对学生的影响

一、学校转型

为充分发挥优秀校的示范、辐射作用，增加优质教育学位供给，北京市海淀区教委研究决定，我校成为十一学校盟校。因此，我校搭上了综合教育改革的列车。

学校着力实践课程改革、管理机制与用人机制创新等，开展综合教育改革实验，探索新的育人模式，积极努力创办一所新优质学校。

（一）选课走班

历经几年，选课走班这一教学组织形式已经在我校扎实落地，有效实行。2016级初一和高一开始实施选课走班。没有行政班，没有班主任，学生每人一张课程表。全校课程从艺术、技术、体育开始，先在年级内打通，然后在全校打通，形成了分层、分类、综合、特需、可选择的课程体系。

学校精心设置和系统实施课程，帮助每一位学生在丰富多彩的课程体验中学会甄别与选择，唤醒学生的积极思维、自我激励，同时让教师在课程设计中获得作为教育者的职业幸福，激活动力，发现自我，教学相长，使师生共同行走在"成为最好的自己"的发展道路上。

（二）艺术领域的综合设计

在传统的中学教育中，艺术领域通常分为音乐和美术两个学科，独立设置。

为适应未来社会发展的需要，体现学校"以艺辅德，以生为本"的理念，全面推进素质教育，大力提升我校学生的综合素质，我们丰富和发展学校办学的内涵，面向全体学生的全面发展、个性发展，着力培养"合格＋特长"学生，使他们在今后的成长道路上能走向更广阔的平台。

（三）美术课程现状分析

作为在中学一线工作的美术教师，我接触学生的时间比较多，以下是我在工作中发现的一些实际情况。

1. 学生在美术学习中的表现

表现较好的方面如下：

①对绘画作品有一定的欣赏、评述能力。

②了解一些美术史，了解一些艺术作品与艺术大师。

③低年级的学生总体上进心更强，他们积极主动参与绘画比赛，看到比自己画得好的同学会虚心请教。

④自学能力较强，在教师引导下，他们课下能自行搜集相关课程资料并完成美术作品创作。

⑤有一定的创造能力，小部分学生有较强的手绘能力。

⑥部分家长支持学生的美术学习，并能提供良好资源。

⑦部分学生课余时间在校外接受美术培训，有良好的美术基础。

需提高的方面如下：

①热爱二次元动漫作品，爱临摹、绘制动漫人物，但大部分学生只会绘制眼睛、鼻子等细小局部，对人物身体比例、头部形状的理解有欠缺。

②美术修养参差不齐，普遍缺少发现美的眼睛。

③部分学生认为语文、数学、英语才是应该学的科目，对美术抱着无所谓的态度，学习积极性低，课堂积极性差，作业完成情况差，较少参加课下活动。

④大多数学生是独生子女，较多以自我为中心，服务他人意识较薄弱，尤其表现在课堂小组合作以及课后美术用品收纳方面。

2. 美术教师现状分析

我校美术教师均具有较高的专业基础，但教龄都较短。作为青年教师，我们具备较强的学习能力以及对新教学模式的接纳能力。学校转型期间，我们三位美术教师经常与十一学校的艺术教师学习交流，利用寒暑假的封闭研训以及每周的备课活动，研发出较多符合校情的教学成果。我们积极参加每周的区级教研，海淀区为区级美术教研活动搭建了丰富的学习平台，在教学模式、教学理念、专业学习等方面具有较强的示范作用。作为青年教师，我们需要学习的还有很多。只有不断提高专业能力，拓宽视野，对教学进行反思，才能成为优秀的美术教师。

3. 专业教室资源现状分析

由于新校舍正在改建中，我校正处于分散办学中，一间教室在不同时段上的课程是不一样的。以笔者的美术教室为例，在这间教室里要上的课程有美术、英语、历史、道德与法治、心理等。这间教室成了真正意义上的多功能教室。艰苦的条件并不能阻挡我们的教育热情，每位教师都在努力为学生创造学科环境。这恰好为学科与学科有效融合提供了机会。

二、我校美育规划与发展

（一）美术课程多样化

学校开设综合艺术课程，分为音乐类、美术类、综合类三大类，共21 个课程模块。音乐类课程包括口琴演奏、中华小四弦演奏、流行音乐演唱、歌舞青春、舞蹈、鼓乐与舞蹈、戏剧影视表演创编与实践等模块。美术类课程设置了中国画、装饰艺术设计、书法、视觉工艺设计、服装设计、水彩等模块。综合类课程设置了视觉设计与舞台创意等模块。这些课程模块在初中各学段，分学期重复开设，一个学期完成一个课程模块。所有学生必须参加音乐基础诊断测试，通过该测试的学生，可获得 1 个学分。未通过测试的学生应选择音乐基础课程，学期末通过测试、评价后，获得 2 个学分。同时，每位学生须在第 1 — 8 学段学习美术类课程，并至少获得 2 个学分。戏剧影视表演创编与实践、戏剧《茶馆》两门课程只在第 5 — 12 学段开设。油画、雕塑、综合绘画、民俗综合课 4 门课程，只在第 9 — 12 学段开设。

为保证学生在义务教育阶段获得全面和有个性的发展，并熟练掌握一项艺术技能，每位学生要选择 6 个艺术课程模块，但不能局限在一个门类中。音乐类、美术类 2 个门类均至少必修 2 个课程模块，获得 4 个学分。即不管喜欢哪类课程，都要从另一类课程中至少选择 2 个模块学习。综合类课程为跨学科融合的艺术课程，即包含音乐类和美术类课程，选修该课程可获得音乐类和美术类课程各 1 个学分。

丰富多样的美术课程，为学生提供了多种选择。

（二）小学段中的美术课程

学校转型，构建了一套多样化的、可供选择的课程体系，并构建了"大小学段制"。每学期分为三个学段 —— 两个大学段和一个小学段。大学段主要集中学习统一课程，小学段则由学生根据自己的学习需求自主安排。小学段时间为两周。以初一年级为例，小学段，一周为游学课程，一周为自主学习周。

1. 游学课程中的美术课程

我曾带领初一学生去上海游学。我们在上海辰山植物园漫步，赏雨林，探矿坑，观绿植，与大自然亲密接触。在上海自然博物馆，学生在定制课堂里学知识，探究鸟类迁徙之谜，与大自然和谐相处。在上海城市规划展示馆，学生领略浩瀚历史长河，学习新旧上海文化。在上海金茂大厦，学生登高楼赏夕阳，俯瞰金融中心繁华景象。在中国共产党"一大"会址，学生观会址，明历史，牢记初心，激发爱国情怀。在四行仓库，学生读"家书"，听演讲，感受"八百壮士"舍家为国的家国情怀。在江南造船厂，学生感受大国重工实力。学生还夜游黄浦江，看灯光璀璨展风采。艺术宫前绘美景，海派艺术耳目新，中华艺术宫前的写生让学生感触很深。

2. 自主学习周

自主学习周期间学校会提供多种学习帮助，学生自行选课，教师引导学生了解自己，进而进行自我规划。美术学科在自主学习周的课程是艺术博物馆课程以及艺术节的展览展示。

比如，参观国家大剧院展出的穆夏作品就是艺术博物馆课程之一。穆夏的作品深深打动了学生。这就是美术作品的力量！

（三）美术社团

我们开设的美术社团课程，为热爱美术的学生提供了更多学习机会。我们希望通过美术教育，让学生发现生活中更多的美，在生活习惯、语言表达、画面呈现等方面，帮助学生成为更好的自己。课程包括临摹、手工、外出写生、观展、参加美术比赛等。

（四）学生作业作品化

1. 参加"红窗汇"

初三学生程同学在十一学校的"红窗汇"活动中售卖自己临摹的《戴珍珠耳环的少女》黏土作品，收入100元。

程同学谈了自己的感受：

> 在创作这幅作品时，要老师给了我很多鼓励与指导，《戴珍珠耳环的少女》这幅画充满神秘、祥和的感觉。它深深吸引着我，并且激发了我的创作灵感。当画作被卖出的那一刻，我的内心里是激动与不舍。

2. 本校"百艺汇"

美术教育默默润化着人们的心灵。美术作品不仅能美化教室环境，还搭起师生间沟通的桥梁。

学校的"百艺汇"为学生展示和售卖作品提供了平台。收入的10%以学校名义捐献给中国残疾人福利基金会"我送盲童一本书"公益项目。开展此类活动不仅能提高学生创作作品的积极性，更希望学生通过此类活动，能将美术与社会联系起来，引发他们对生活的思考。

三、结束语

美育是一种最重要、最基础的人生观教育。

对于美的欣赏可以使人变得高尚起来。

美术教育是美育的重要组成部分，对塑造美好心灵具有重要作用。

学校的美术教育通过一次次有意义的活动，让学生穿越时空与大师对话。美术教育与生活相融合，能培养学生的审美能力，从而提高学生的综合素养，使他们健康快乐地生活。

》要晖

第三辑

教与学

游戏化改进课堂管理和自主学习

新教师极头疼的就是不知道如何进行课堂管理。除此之外，如何促进学生养成良好的自主学习习惯，如何提升学生的学习效率，也是困扰我们的难题。实践中，我尝试用游戏化的方法来解决这些问题。

所谓游戏化，就是将精心设计的游戏机制添加到日常事务中，令其变得引人入胜、激动人心。游戏化教学不等于上课做游戏，而是把游戏因素引入课程中，引入教学中，让学生欲罢不能，在不知不觉中养成自主学习的好习惯。

一、规则内的自由：终极放纵

在课堂管理方面，我给予学生规则内的自由，先向学生明确课堂规则，规则没禁止的行为通常是允许的，然后通过一定的程序来强化这些规则。比如，我每节课的第一张和最后一张幻灯片，分别用上、下车打卡的形式。这给学生一个信号，能让学生快速进入状态。学生进入教室时看到视觉冲击强烈的幻灯片，会立即领取上车小条并做好上课准备；即使下课铃响了，在没有看到最后一张幻灯片时，他们也明白不能提前收拾东西。如此，就不需要老师在上、下课时花时间和精力维持教学秩序。上课铃响前，学生在心理上和行为上已经做好准备。

下课"打卡"时，我往往安排一些开放性题目，以激活学生的思维。

题目不限制思考的方向和层面，学生的回答可以是不同层面、不同角度的，可以是局部的或者整体的；既可以用图画，也可以用文字。对开放性题目，学生总会展现出令教师眼前一亮的新思路。

这样做能呵护学生的想象力，能产生持续影响。我有许多"作业笔友"，不管多离谱的想法学生都可以写在作业旁边，得到老师的回应。这样的自由能鼓励学生创新。比如，有一次作业是整理错题，学生就创造了适合复习、便于携带的活页错题集。它迅速在班级中流行起来。

二、及时激励：让学生学习上瘾

游戏容易让人沉迷，一个重要的原因是，只要达成目标，立刻就会有奖励。我把这种及时激励的机制带到课程中，课前用幻灯片表扬上次课到这次课之间值得夸奖的学生。任何我想强化的行为，或者需要增强自信、需要成就感的学生都可以通过这种方式得到鼓励。比如，作业全对或者小测试满分可以得到一枚小鳄鱼印章。学生对此特别着迷，有的学生很想要，但努力几次也没有达标，就借来同学的印章，自己给自己先印一个，再继续努力争取得到奖励。我在课前设定规则：值得赞许的集体行为（如全班按时交作业）可以让班级获得过程性评价加分，意在通过合作竞争的方式促进学生进步。这种集体奖励也会在课前及时发布，因为一旦错过合适的时机，效果就会大打折扣。我通过奖品、过程性评价加分、印章、公开表扬、私下表扬等多种手段，对学生及时进行激励，以促进不同特点的学生进步，效果良好。

三、增加体验失败的机会：促进自主学习，"自动"实现个别化

为了促进学生自主学习，我设计了一个"恶龙"游戏，设立了一系列流程和任务，定时发榜并有奖励机制。学生课下自愿参与。这些任务有的强调学习内容，有的强调学习习惯，有的需要合作才能完成。学生乐此不疲地一遍又一遍地挑战。即使挑战失败，也会得到老师的鼓励："胜败乃兵家常事，大侠请重新来过。"这种练习没有评分，失败也不会受罚，是一种无压力、"可控"的失败。

在"恶龙"游戏中，每次挑战失败，学生都会成长，完成学习任务变得更容易。随着时间的推移、学程的进行，学生在课堂上掌握了更多知识，对原理的理解也更加深入。后面参与进来的学生往往没有先参与的学生自主学习能力强，也更容易因为失败而放弃。任务难度可以随学生的学习程度和理解深度而调整，有利于"因材施教"。

学生挑战成功后可以再次挑战相同的任务，这时我会调整任务的内容，渐进式加大难度。这样既能激发学生的好胜心，又不会让他们感觉特别吃力。通过规则的设定可以实现学习内容的个别化，让不同程度的学生都能有所得。

四、合作任务：让更多学生参与进来

课下的"恶龙"游戏是自愿参加的，如何保证学习兴趣欠缺、自主性较弱的学生参与进来是关键。我借鉴了手机游戏常用的推广模式，将拉动同伴参与作为一个任务。由于游戏入场任务对能力要求不高，背诵即可过关，先参与的学生可以拉动暂时落后的学生参与，并让所有人都获得成就感。后参与的学生很快也会遇到此任务，再去带动其他同学。这种"先学

带后学"的模式可以促使班级逐渐形成自主学习的风气。

　　总之，通过游戏化的方式改进课堂管理，可以促进学生形成自主学习的习惯。这在中考选考科目的教学实践中已经取得一定成果。游戏化教学通过建立规则和程序，可以解决部分让新教师感到颇为棘手的课堂管理问题，并且能实现初步的个别化教育，促进自主学习风气的形成。

>> 何佳媛

白自习管理案例

学校采取的选课走班模式不仅为学生提供了丰富的课程，也为学生提供了更多自主学习时间，以此帮助学生学会自我规划，学会自主管理。学生平均每天有 1—2 节自习课，午休时间和下午 4 点 15 分以后的自主安排时间也可以用来自习。较多的自主学习时间能帮助学生学习自我规划，推动学生主动思考自己的学习、生活，从而充分认识自己，了解自己的发展需求。

选课走班后，学生的自习不再固定于一个场所，他们分散在学校的各个教室。因为课表是个别化的，每个人的自习时间都不同，自习教室是可以选择的。如何管理好学生的自习，营造良好的学习氛围，提高学生的自习效率，这些工作都由自习项目组承担。

一、达成共识

达成共识主要分为两个方面：一方面是自习项目组教师间共识的达成，另一方面是师生之间共识的达成。

项目组教师作为自习规则的执行者，在开学初需要在负责人的带领下学习和讨论，包括项目组"责、权、利"的明确，自习管理的具体要求以及相应的奖惩制度，教师的值班安排，教师的工作流程等。唯有项目组教师方向一致，目标一致，才能维护年级自习平稳有序。下面是自习项目组的"责、权、利"（见表 11）。

表 11 自习项目组的责、权、利

责	权	利
明确规则，统一规范：让每位学生了解、认同自习管理的规则	根据学生的需求和情况为其安排特殊功能自习室（讨论自习室、省思自习室等）	良好的自习氛围有助于学生规则意识、规划能力和规范行为的培养
引导规划，养成习惯：不断引导和帮助学生对自主学习任务进行规划，并落实到自己的行动中，帮助他们提高自习课的效率	对违反自习管理规则的学生，教师有权对其进行相应的引导和惩戒。比如，扣除行圆分、诫勉、警告等，或转交教育顾问处理，召开家长、教师和学生联席会议共同帮助等	对自习情况的观察有助于教师从另一个角度分析学生的学习状态，便于教师给予个别化的指导
教师巡查，榜样引领：须不断进行巡查，以确保自习教室的学习秩序；表彰自习优秀学生，从而引领、激励其他学生		自习情况好有助于营造年级自律、沉稳的整体风气
适度惩戒，批评教育：须及时将自习情况及问题反馈给项目负责人，对个别学生可以找时机与他的导师、教育顾问及家长共同做好教育、引导工作		

良好自习生态的养成主要依靠学生的自觉和自我约束，教师在其中起提示和辅助作用。因此，在开学初（特别是新初一、新高一），需要借助多种渠道和方式向学生介绍自习的相关要求，以达成师生间的共识。这些共识包括为什么要设置白自习课程，白自习课程如何选择，白自习课时可以做什么、什么情况是不允许的，违反自习管理规则要承担的后果是什

么，被扣除相应的分数可以用何种方式进行补救等。

二、关注成长，允许试错

白自习课程的特殊性在于教师进一步"隐形"：他可能一整节课都没有和学生交流，也可能一整节课都只在走廊上巡视，不出现在教室里。这是一种建立在信任之上的放手，给了学生足够宽松的环境。这是给活泼好动的学生提供不断修炼"慎独"能力的机会，这是宝贵的成长机会。

学校是允许学生犯错误的地方，学生正处于成长和发展中，有"违纪"行为，在我们看来其实是成长中的必然。因此，自习项目组专门研发了"行圆补血卡"。行圆分是对学生日常行为规范的评价，初始分数均为100分，根据在校表现加减。学生在被扣分后两周内，如果不再出现违纪行为，可向项目组老师申请一张"补血卡"，以获得加分。我们通过这样的方式激励学生向善向好。

三、注重品质，改进细节

梳理出自习项目组的基本工作框架和思路后，我们可以更好地追求细节。比如，前期，我们将年级自习学生的名单打印出来，只提供给巡查教师；后期，我们将在每间教室自习学生的名单粘贴在教室门上，以方便教师巡查和学生确认教室。又如，前期，"行圆补血卡"是教师手写的，看起来不太正式，也欠缺仪式感；后来，我们联系广告公司，特别设计了学生喜欢的游戏卡牌形式，将学校的龙娃形象放在上面，对卡的厚度、硬度也都有要求。新的"行圆补血卡"投入使用后，学生将其小心翼翼地放到笔袋里，很珍视。

自习项目组的基本原则是以服务为主，努力创设适合学生学习的环境，营造良好的学风；同时做好引领工作，激发学生的内动力，促使学生不断提高自习效果。

》马洁颖

"闯三关"带来的改变和思考

接到去十一学校本部顶岗学习的通知后，我带着认真求学、追求卓越的态度，满怀期待地走进校园。

我领到音乐剧《狮子王》、"音乐基础"两门艺术学科核心课程的授课任务。音乐剧课程一直是我所钟爱的，我也一直在做相关领域的教学研究，加上自己从小习琴，是音乐科班出身，对上好这门课，我还是很有信心的。至于"音乐基础"，我更是窃喜，因为在进入十一实验中学前，我已经有十几年的音乐常规教学和高考艺术生培养经历。

一切顺顺利利，课程的设置、规划全都准备妥当，优质的生源、师生间默契的配合让我很快找到了教学的节奏，学科主任及学科组的老师对我的课程设置和课堂教学的肯定，更是让我感到踏实和放松。

满以为整个学期的课程就这样安排好了，自己再努力把这两门课上好，年底展示、结业，学期就可以圆满结束，可意想不到的是，我又接到了学校国际部高三 AP 课程（大学先修课程）的授课任务。

那一天的场景历历在目，学科主任把我约到办公室，再次详细询问了我开学上课的情况以及这学期我对两门课程的具体架构，她表示非常满意。突然她话锋一转，对我说刚刚和国际部艺术总监沟通完，决定派我担任国际部高三 AP 课程的艺术教师。突然的决定让我一下子蒙了。国际部的学生素质高，是公认的"学霸"，其中不乏一些具有专业艺术水准的学生，"向老师发难"是他们爱干的事情。AP 课程的学生在申请大学时，艺术课程是他们申报的必修课程之一。这个班有相当一部分学生的目标是国外知名艺术类大学。这门课程此前一直是由外教担任，主讲是国际部艺术总监老萨和流行乐教师小乔。这个"幸福"来得太突然，我很快意识到这个任务非常艰巨。当然，这样的机会绝不是人人都会有的。思量片刻，我决定接受挑战。

老萨是作曲专业毕业，之前一直教授键盘乐；小乔呢，电声乐队的吉他、贝斯，打击乐玩得很专业。那么我的第一节课该怎么上呢？冥思苦想了几天，我决定带着我的小提琴进班。

上课当天，我提前十分钟走进教室，老萨礼节性地向我问好，同时谈到课程的重要性。交谈几句后，老萨把我留在设计精良的室内乐教室里，放心地走了。环顾四周，我有点儿恍惚，这间艺术教室布置得非常专业，完全可以媲美专业音乐学院的教室。我竟生出一丝忐忑。

"老师好！"一个瘦瘦高高、笑得嘴角上扬的男孩第一个进入教室，"您是本部派来的闫老师吧？听黄主任说您专业挺厉害的，一会儿我们想请您为我们展示一下，您要做好准备哟！"我一听立刻就明白了，学生应该早有设计，第一节课摆明了是要考我。我定了定神，爽快地答应："没问题！"学生陆陆续续地走进教室，他们偷偷打量着我，我也紧张地盘算着第一节课该怎么开始。

上课铃刚停，一个男生就举手说话了："老师，老师，您会演奏什么乐器呀？"我拍了拍琴盒，对他们说："给你们拉段小提琴曲怎么样？"另一个学生立马举手喊起来："老师，老师，我们想听《查尔达什舞曲》！"我一惊："很专业啊！小提琴曲《查尔达什舞曲》技巧性很强，难度系数很大。直接点曲子，还点得这么专业，完全是行家啊！"我在心里冲这些十七八岁的高三学生竖起大拇指。我拧紧琴弓，搭上垫肩，悠扬的乐音弥漫在教室的每一个角落。我的手指在指板上飞快地跳跃，学生看得眼花缭乱。一曲完毕，教室里鸦雀无声，学生都怔怔地看着我。他们没想到的是，我比他们听到的原曲快板还加快了许多。停了几秒，我又拉起了炫技名曲《野蜂飞舞》，演奏结束，掌声立即响起来。谢天谢地！我以为自己终于过关了，没想到这才是他们考核我的第一关。

"老师，您的琴拉得太棒了，您会唱歌吗？"一个女生幽幽地发声了，"我们可不听什么流行歌，太俗，我们要听就听高大上、纯专业的美声，您会吗？""对，对，对，老师，老师，我们想听您唱 —— 美 —— 声 ——""闫老师，唱一个！闫老师，唱一个！"几个学生轮番轰炸，喊得我又有点儿心慌。我深吸了一口气，努力让自己平静下来，清了清嗓子，微微一笑："好啊，就唱美声！唱一个《你是这样的人》怎么样？""好厉害呀！老师唱的是《百年恩来》的主题曲！"一个学生随口"百科"让我惊叹。都说国际部的孩子是"学霸"，知识面广，让我没想到的是他们的涉猎能达到这样的广度。当我满怀激情地唱起这首歌时，已经有学生自觉坐到钢琴前为我伴奏了。唱罢，我们以音乐会正式的谢幕动作完成了我们的合作。终于结束了，我暗暗庆幸。应该不会有其他考核了吧？

"闫老师，美声唱法最早出现在意大利的佛罗伦萨，并传播到意大利的其他主要音乐中心，所以美声唱法最正宗的应该是用意大利语。"第一个进入课堂的那个瘦瘦高高的男孩，依然笑眯眯地上扬着嘴角，冲我发难了。"真棒！确实，美声唱法最正宗的发音是意大利语，那就唱一首吧！意大利作曲家乔瓦尼·帕伊谢洛（Giovanni Paisiello）创作、尚家骧编译的《我心里不再感到青春火焰燃烧》怎么样？"

说唱就唱，由于注意力高度集中，唱得过于专注，我竟不知道老萨在什么时候进来了。"真棒！"老萨带头鼓起了掌，学生也被感染，掌声经久不息。

此时，我知道自己今天终于顺利过关了。那下节课、下下节课呢？我深深吸了口气。"革命尚未成功"，接下来的日子将会面临更大挑战。教授这些"小怪物"靠的绝不只是精湛的专业技法，更多的是新的教育理念。十一学校要求老师"师德高品位、专业高学识、能力多方位、研究高水平"。虽有十几年的教学经验，但我依然需要不停学习才能满足学生的学习需求。

在接下来的几个月里，我静下心来研究教学教法，每一节课都认真备课。对重要的理论，我画思维导图进行精讲，为学生在实践中游刃有余地应用打好坚实的基础；对选定的具有代表性的课题，我指导学生有针对性地分析、梳理和讨论，学生亲身参与知识的建构，并在学习过程中进行自我判断和评价。我强调教学是一种多边活动，提倡师生、生生之间的多边互动、多项交流，实现更高水平的教学互动。这样的方式对提高学生的积极性和参与度、增强教学效果、达成教学目标，有积极意义。在教学方法方面，我更加趋向于因材施教，创造更多有利条件，使学生在知识、能力、兴趣、特长和个性品质等方面均衡发展成为可能，强调知、情、意、行的统一。学期末，在我的指导下，多名学生凭借精良的专业设计、精准的报考方向考取了世界知名艺术院校。我也得到了学生、家长和本部老师的高度认可。

育人模式的改变使我感受到，仅仅在学科知识的海洋里遨游，已经无法应对今天的学生。教师必须在方方面面提升能力，实现跨学科的艺术教育专业化发展。如何才能让教师关注学科之外的专业能力呢？这就要求教师把学习过程和方法还给学生，让学生在体验中涵养素质，发掘潜能。要实现这样的目标，就必须从教走向学。当教学的主体变为学生，教育的目标变为更强调塑造高尚人格时，一切就会变得不一样。机遇与挑战并存，现在我要做的就是紧紧抓住学校转型的机遇，一方面深挖艺术学科在学生素质教育中的优势，一方面深挖自己的内在潜能。

李希贵校长曾经说过："新一代的需求并非从马斯洛需求层次理论的底层开始的，而是从顶层开始的。他们要实现自我价值；并且，在这样一个飞速发展的时代里，自我实现已经不再是顶峰，能不能在自我实现之后，进一步打破自我，超越自我，把自我清零，重新开始，这将是未来的新挑战。"新时代的教师应该有这样的使命感，具备以下思维：我们是评价者、变革者、适应性学习专家，是有关影响的反馈者；我们参与对话，应对挑战，发展与所有人的互相信任；我们在错误中看到机遇，并热衷于传达这样的信息。

首先，时刻思考、寻求这样的心智框架：追寻三个问题（我要去哪里？如何到达那里？下一步去哪里？）的证据。这是对学生的成就影响最大的因素之一。这意味着要评价我正在做的和学生正在做的，从学生的视角看待学习，并评价我的行为对学生的行为产生的效应，以及学生的行为对我后续的行为产生的效应。教师需要提升评价的能力。只有如此，教师才足以了解下一步该做什么以促进学生进步。

其次，要将自己视为变革者，不只是促进者、发展者或者建构者。我们的作用是使学生从他们目前的样子转变成他们内心渴望的样子。这要求我们相信学生的能力、素质是可提高的，而非固定不变的；相信作为教师的我们能够帮助学生，而非阻碍他们；相信艺术学习是创造，而非简单重复。

我们应该在研究中教书。教育是科学，更是艺术，我们要努力寻找其内在规律，用研究的心态去感悟。我们应该在育人中教书。我们应从原来的知识管理者转变为情绪管理者。我们应该在分享中成长 —— 共建平台，用好平台。

你学习到的等于你过去的经验加上反思的平方。路，还将继续。

» 闫惠

走进心灵，创新教学，助力成长

学校延迟开学，学生居家通过网络学习，这对学生是一场巨大考验。学生是否能够合理规划时间、自主学习，尤为重要。自主学习能力较强的学生会快速进入学习状态，更多体会到紧张和自由；自主学习能力弱的学生，更多感受到慌乱和焦虑，继续下去，成绩一定会滑坡。能不能利用这个契机，帮助自律性不强的学生学习，并处理好负面情绪，助力他们成长呢？

一、与学生多沟通，多鼓励学生

【案例一】

王同学的妈妈给我发来两条微信，内容是王同学居家学习态度不端正，玩手机游戏现象严重，英文作业字迹潦草，让他重写他不但不听，还继续玩游戏，让我帮忙说说孩子。

在我眼中，王同学很聪明，学习能力很强，但学习习惯不好，比较懒散，自律性不强。疫情期间，这一点显得尤为突出。延期开学期间，英语学科会布置观看阅读理解、完形填空和听说技巧等方面的视频，要求记笔记，他经常偷工减料，从不记笔记。他也很少在学案上订正答案，作业拖沓，很少按时上交，上交的作业字迹潦草。

我私下与他沟通，尝试走进他的内心。首先，利用他上交作业的机会，先是大力表扬他作业不但交得及时，而且质量高，然后话锋一转：

"但这字写得也太难看了吧？英语你有实力在中考中拿满分，但你的作文书写不行，作文要拿满分，必须字迹工整。"他辩解道："老师，我考试时肯定会写得特别好。""你平时什么样，关键时候就什么样，如果不改，中考满分肯定要泡汤！""放心吧，老师，不会的！""你还是让我放点儿心吧！"就这样你一言我一语，我们聊了很久，最后他发来信息："好吧，好吧，我以后一定会注意书写的！"看到他被我说服了，我又乘胜追击："对了，你好像还欠我一篇作文吧？当时和我说写完交给我，然后就没消息了。"他立刻回复道："嗯，嗯，老师，我现在就写。"结果他真的很快就将作文传给我了，不但内容写得好，字迹也很工整，着实让我感到惊喜。我称赞道："嗯嗯，我的学科助理第一名又回来啦！我把你的作文收藏了，以后拿来当咱班作文范文！相信你会越来越优秀的！"

从那天起，王同学每次都会主动提前至少一天交齐一周的作业，书写很工整。家长也看到了孩子的变化，给我发了表示感谢的短信，说我的话特别管用。

【案例二】

孙同学聪明，但不善言辞，情绪化比较严重。如果你不主动和他说话，他绝不会和你交流。在课上他曾有一些过激行为。他上课听讲比较认真，但不记笔记，从未交过作业。我不知道和他谈了多少次，但都没奏效。慢慢地，他成绩下滑得厉害。我一直在想怎么才能帮到他。

这次延期开学的第一周，他依旧未交作业。我试着加他为好友，想和他好好谈谈，但接连发了三次申请，都没有下文。于是，我联系上他爸爸，并反馈了他最近的表现和作业情况。家长感到很惊愕，对此毫不知情。家长很生气，说会让孩子两天内把所有作业补上。两天后孙同学依旧没交作业。

之后，突然有一天，他交了一次作业。我甚是惊喜，立刻在群里大力表扬了他。我又一次尝试加他的微信，这回他终于通过了。我给他发了很多消息，最终他回复我了，虽然只是"嗯""好"这样简单的语言，但我们之间的距离拉近了一大步。

第二天，我无意中看到了他的朋友圈（估计还没来得及屏蔽我），里面多是负面信息。于是，我又一次主动和他爸爸联系，向他反映孩子的状态，指导他及时稳定孩子的情绪，注意调节好自己的情绪，避免把不良情绪传递给孩子。我也开始尝试对孙同学降低作业要求，经常站在他的角度看问题，多理解他，鼓励他。

之后两周，孙同学交作业的次数多了起来，微信沟通时也能进行短语级别的交流啦！孙同学的爸爸也惊喜地发现了孩子心态的变化，最近一周家里没再发生争吵，周末时一家人还有说有笑地一起吃饭了。

学校《行动纲要》指出，师生关系的主导方在教师。教师应主动走进学生的内心，了解学生的所思、所想、所求。只要我们能走入学生的心灵世界，许多百思不得其解的教育难题，往往就会找到答案。

二、用创新方式激发学生的内动力

学校《行动纲要》要求我们尊重教学规律。学校通过学科教学改革、课程开发、教材整合、教学方式与学习方式更新，使教学贴近学科学习规律和学生的认知规律，以培养学生的兴趣，让学生获得成就感，提高教学质量。

英语是见效比较慢的学科，重要的是一点一滴的积累。这就是基础弱、自律性不强的学生不爱学英语、不爱交英语作业的原因。疫情期间这种现象更加明显。为了解决这个问题，除了与学生进行心灵上的沟通外，培养学生的兴趣，激发学生的内动力，使其获得成就感，也至关重要。那么，怎么才能最大限度地激发学生的内动力，让他们对英语产生兴趣，从而获得成就感呢？对此，我采用了一些创新方式。

（一）单词排位争霸赛

这个想法来自一次偶然的发现。那是寒假前的最后一节英语课，我让全班学生限时背单词。全班鸦雀无声，每个人都在自己的座位上认真地背单词，场面特别壮观！可不一会儿就从一个角落里传来了笑声，打破了宁静。难道是在玩游戏？我正怒气冲冲地走过去准备没收手机时，一个学生兴奋地对我说："老师快看，我和他单词对决，我赢了！"哦，原来是在进行单词比赛。看到他俩发光的眼睛和兴奋的表情，我灵机一动，产生了一个想法："何不把它搬到课堂上，组织学生来一场单词擂台赛呢？让学生通过比赛对决的形式，获得成就感，岂不更好？"

本来打算新学期在班里实施，却被突如其来的疫情打乱。我想，利用机会搞个线上全年级单词擂台赛也不错啊！为此我还特意私信咨询了班里几个学生，他们知道要进行线上单词对决，特别兴奋，充满期待。于是，我把这一想法分享给备课组，备课组的老师也非常赞成。接下来的问题是：线上到底如何操作？全年级 140 多个学生，这么多人，怎么分组？能都放到一个组进行吗？到底谁和谁对决？多长时间合适？我们陷入沉思。

接下来，我们开始下载相关应用，打算找到单词对决这个小模块，亲自挑战排位赛来摸索规律。我一口气玩了 10 局，发现排位赛是按照等级进行对决的，并将错误的单词收入单词本里。对决胜利一次，会增加一颗星，还会得到等级提示。进入排位赛后，系统会自动为你匹配对手，每次对决在一分钟内完成，会让你在不知不觉中感受到英语和游戏相结合的乐趣。这种用游戏思维背单词的方式很有趣。不过，这样的方式也有问题——学生万一一直输，就会没了兴致，所以在匹配对手方面要做很多功课。

有鉴于此，我们制定了比赛规则和操作示范，并对学生提出要求。

①英语课上，备课组老师同一时间在线上发布任务，同时随机选择挑战对手，进行2.5分钟的单词排位赛。②根据自己的水平选择词汇。③获得5次胜利的学生截图私信发给老师或发到群里。

就这样，初二年级英语单词排位争霸赛如火如荼地开展了，一周下来，学生的热情被调动起来。

A同学说："刚开始玩时，我一度被虐得很惨。经过一个星期的战斗，作为后起之秀，我打败了对方。"B同学说："感觉很新鲜。"C同学说："万万没想到，让我对背单词从厌恶到喜欢的居然是排位赛！"

单词排位争霸赛是寓教于乐的学习方法，在形成浓厚的英语学习氛围，激发学生学习内动力的同时，还能让学生掌握知识与技能，学会和别人沟通并获得成长。

（二）制作视频二维码，指导学生学习

收齐寒假英语视频作业后，我们先进行初步筛选，然后把视频作业统一放到一个文件夹里，并制作了二维码。学生扫二维码后便可观看视频作业。他们需要挑选至少10个视频作业进行评价并说明理由。评价要用英文写在纸上，并拍照发给老师。通过制作视频二维码来指导学生观看视频、分享评价，指导学生学生会欣赏同学们的优秀作业，找到自己的不足，助力成长。

为了更好地为学生的发展服务，教师不能拘泥于一种形式，应通过多种形式满足学生的需求，要尝试多种创新方式来撬动学生的思维，挖掘其内动力。

》王健

为学生成长服务，助学生个性化发展

"学校永远把学生成长放在第一位，组织所有可能的资源，为学生成长服务。"在学校教育教学转型路上，我们始终在践行这一理念。教育是特殊的服务，要以学生为中心，尊重每个个体，助力学生个性化发展。

在十一学校育人模式中，"人人都是班主任、导师"，每位老师都是教育者，合力为学生的成长提供帮助、指导和服务。

一、搭建个性化教学平台，提供个性化辅导，让每位学生都获得课程学习的资源保障

基于十一学校的课程体系，我们研发了《2017级北京十一实验中学初中年级课程手册》，制定了适合学生个性化发展的分层、分类、综合的课程体系。让学生根据自身的习惯、兴趣、中考选考意愿以及对未来发展的设想和规划，自主规划课程，自主选择上课时段，形成属于自己的课表。与此同时，个性化教育从课堂内延伸到课堂外。三年来，老师们积极开展线上和线下个性化辅导，帮助学生解决问题，关注每位学生的发展，满足不同学生的成长需求。

（一）"加能卡"助力学习

初二年级是初中教学的分水岭，是学生两极分化的关键阶段。为此，我们推出"加能卡"助力学习行动，以学生邀约老师，师生约见的方式，通过个性化辅导帮助学困生。师生约见的内容紧紧围绕学业辅导，包括目标确定、规划指导、学业辅导、问题答疑、学法指导、心理辅导、实验操作等。每天下午 16:30 — 17:30 为师生约见时间，学生持"加能卡"约见。约见完成后，老师在学生的"加能卡"上批阅、签字，肯定成绩，鼓励进步，为学生学习加能助力。黄同学说："原来有点儿害怕老师，不敢见老师，不敢问问题，现在使用'加能卡'，每天都约见老师，我的'加能卡'上盖满了印章。老师帮我解决了很多学习上的问题。我不再那么困惑了，数学测试提高了 12 分，学习劲头更足了。"蔡同学认为，"加能卡"增强了她学习语文的信心，孟老师耐心的辅导让她备受鼓舞。老师们也说，"加能卡"是师生间的约定，拉近了师生间的距离，使个性化辅导有了实现的工具。

（二）线上个性化辅导

疫情期间，学生居家线上学习，个性化辅导成为必要的教学环节。一方面，通过线上辅导谈心谈话，引导学生树立正确的学习观。线上学习刚开始时，导师们纷纷找学生一对一沟通，了解学生的居家学习条件，进行线上学习规划指导和心理辅导。每周线上教学反馈后，导师及时与出现学业困难、情绪低落等状况的学生谈心，化解问题，鼓励学生坚持学习，树立信心。另一方面，通过线上辅导精准发现问题，对症下药，让教学效果最大化。针对语文、数学、英语等中考学科，老师通过电话、微信、视频等方式与学生交流，帮助学生找到错题背后的知识点，还原学生的答题路径，引导他们注重审题，帮助他们梳理解题思路，自主构建知识网络。

老师利用休息时间开展一对一在线辅导，每晚都在线等待，学生提问通常是在晚上 10 点后。线上辅导让学生充分感受和体会到老师的敬业和关爱，增进了师生情感。在学校的线上教学诊断中，学生纷纷留言，表达对老师的感谢。

二、创设学科标杆，引导学生自我管理，强化学生学习的目标性和主动性

（一）树立标杆，让学生唤醒自我

为了鼓励学生，让每个学生在学校都找到价值感，年级开展了区、学校、年级、学科、项目组等各级评优评先活动，评选区三好学生、"笃学"奖学金、学科状元、月度综合百星、过程性评价优秀、小学段优异奖、行圆标兵、卓越学生、优秀学生、学科专项优异学生等。每位学生都有闪光点，每位学生都可能成为表彰的对象。在教育过程中，我们努力发现那棵独特的树，发现那个独特的学生。

进入初三，学生的升学压力日益加大，如何帮助学生树立信心和目标，让学生得到奖励和激励？年级老师商量后决定定期开展学科竞赛活动，树立标杆，评选星级"学霸"，帮助学生将注意力集中到学业上来。开展竞赛的学科包括语文、英语、数学、物理、生物、历史、道德与法治、地理等，评选出的星级"学霸"，在年级学段表彰会上进行表彰，让每一科学习优秀者都得到奖励。同时，我们鼓励和帮助学生建立学习共同体，引导学生互帮互助，共同营造一种积极向上、勤奋学习的良好氛围。星级"学霸"评选活动开展后，爱学习的学生变得更多了，自信的

学生变得更多了。星级"学霸"是一个标杆，学生可以先定一级目标，再到二级目标，逐步达到最终目标。这样可以唤醒学生内心自尊、自强的动力，激励学生对照标杆争取进步。

（二）优化规则，让学生个性化选择

基于十一学校的课程体系，我们开设了自习课程，培养学生自我管理、自主规划、自主学习的能力。我们以学生为中心，尊重每一个学生的需求和不一样的成长方式；组织召开学生会议，征求学生的意见。一方面，在修订自习规则时去掉"不能""不准""不可以"等字样，让学生明白自习是自主规划学习，自我管理。这增强了学生的主动性和自觉性。另一方面，从学生的需求出发，设置了荣誉自习室、普通自习室和修身自习室，制定了不同的自习要求和管理方式。学生可以根据实际情况申请不同的自习室。个性化的选择让学生认同规则，激励、引领学生的行为朝着规范的方向发展。只有当学生慎重选择并为之负责时，才能启动学习的发动机。

三、学校与家庭联动，开展青春期教育，营造学生成长的良性互动氛围

老师经常遇到这样的问题：家长向老师倾诉，甚至哭诉求助。孩子到了青春期，家长时常面对孩子关闭的房门、关闭的心门，很多孩子用眼神、背影、沉默表达对家长的无视、不屑、反抗和拒绝。家长心力交瘁，无从下手。针对这种情况，年级成立了家校项目组。项目组负责摸排年级家长的情况，逐一联系，建立档案，在教育目的、教育理念、教育方法、

教育途径、教育资源等方面与家长做好沟通和协调，共同为孩子的成长服务。根据学生和家长的需求，年级开展了家长志愿活动、家长课堂和家长讲堂等活动。

学生升初二时，家校项目组负责人李老师联系了一些学生家长，请他们给学生开设情绪管理系列课程 ——"我和我们""感知生命·感受爱"。通过这样的体验式活动，增进学生的自我意识和社会意识，帮助学生建立更清晰的自我认知和更稳定的自我价值感；帮助学生在与父母、同龄人的相处和交往中，更好地体会与他们的情感，更恰当地表情达意，建立真诚、合作、互助的人际关系；帮助学生建立积极的生活态度，确立未来明确的行动方向。除了针对学生的关于职业探索和心理教育的家长讲堂系列，年级也针对家长进行了家庭教育系列指导，重点关注"如何和青春期的孩子进行沟通"等话题，开设了"读懂孩子，读懂爱"系列课程。参加课程的家长这样说：

> 我了解了如何更好地和孩子相处，如何关照自己的内心，如何尊重孩子与感恩生活。
>
> 相信孩子，理解孩子，能让家庭气氛变得更加和谐、更加融洽。
>
> 学习了方法，平时就要多多练习，不要让自己的心回到老路上。这有难度，需要坚持。

让家长参与学校的一些教育活动，能使学校教育、家庭教育良性互动，从而使学生在和谐的教育环境下健康成长，可持续发展。这也使学生和家长的关系变得更好。

四、以主题教育为载体，关注学生成长阶段的特征，引导学生养成良好习惯，健康成长

在分布式领导中，教育顾问负责年级主题教育的设计和实施。根据不同阶段学生的心理和学业特点，教育顾问每年制定不同的教育主题，进行面向个体的教育。

初一年级主题教育的关键词是"规则·规划"。我们从学校日常管理入手、从学生内心的需求开始，对初一新生进行规则教育，进行学习物品管理、时间规划、目标规划、自习规划等方面的指导。年级成立常规项目组，指导学生关注常规，让学生参与规则的制定、管理和执行，鼓励学生积极参加自主管理学院。通过开展"21天养成好习惯""我的阳光朋友"等主题活动，引导学生从他律走向自律，引导学生一起应对初中学习生活中遇到的新困难，一起健康成长。

初二年级主题教育的关键词是"情绪·内动力"。围绕关键词，年级从新学年9月开始对学生进行目标激励和目标引领，引导、促进学生树立学业目标意识。年级开展了"发现最亮的星"主题活动，让每一位学生寻找自己心目中闪亮的星，在学段结束时用文字记录下自己的感动。这一活动不仅满足了学生的个性化发展，而且培养了学生的主体意识、合作意识、竞争意识和责任担当意识。在"我的开学宣言"活动中，年级制作了开学宣言卡，提倡学生写下自己的目标和规划，并请两位同学或者老师作为见证人。将开学宣言卡张贴在导师班教室里，让老师、同学一起帮助自己实现目标。同时，初二年级的学生在异性交往、逆反心理、学习焦虑等方面问题也比较突出。因此，教育顾问和导师定期进行专题研究和个案研究，做好学生青春期心理教育和情绪管理工作，开展了"情绪管理之快乐前行""发现身边不一样的星""学会欣赏""让心灵到达那个地方"等系列青春期主题教育活动，帮助学生顺利度过青春期。教育顾问在开学初印

制了"做情绪的主人"海报，对学生进行积极正向引导，对出现情绪问题的学生进行个案研究，建立档案，联合家长、教师等多方力量进行教育。

初三年级主题教育的关键词是"目标·毅力"。这主要是为了帮助学生树立目标，提升毅力。开学初，每一位学生制定学业目标并将其张贴在导师班教室里，构建"爱拼树"。老师利用宣传栏、学科教室、微信群等，开展系列励志教育，对学生进行学法指导和心理减压指导，帮助他们找到主攻方向和学习突破口，引导他们确立学习目标，立足课堂教学，对知识框架进行自主梳理和构建，对知识点细致落实。同时，老师们特别关注学生身心的健康发展，在培养学生自我管理、自主规划、合作、竞争意识的同时，还帮助学生根据日常学业成绩进行合理的自我定位，理性选择合适的高中并为之奋斗，提升毅力。在入境教育、期中考试、期末考试、"一模"、"二模"前后，进行一对一的个性化分析，帮助学生发现知识漏洞，指导学生学习方法，关注学生的情绪变化并及时疏导，导师、科任老师定期与家长沟通学生各阶段在校学习情况、思想动态、行为表现，与家长共同探讨切合实际的教育方法，建立起多对一的服务体系；同时，帮助学生调整状态，争取以最佳状态迎接中考。

三年来，年级每一位老师都表现出可贵的奉献精神和可贵的大局意识，每一位老师都满怀教育情怀，充满智慧和激情，令人敬佩。老师在助力学生成长的过程中不断超越自我，成就自我。

》裴丽丽

主题学习活动，带给师生能力提升

2018—2019学年度，我在十一学校顶岗学习，教授高一、高二年级的思想政治，深度学习十一学校开展的大单元教学。

回到十一实验中学后，我接任初二年级道德与法治课的教学。考虑到初中学生与高中学生思维能力不同，结合大单元教学方式，我开始在道德与法治课上开展主题学习活动，希望学生能深度参与课堂学习，不断提高学习能力，提高学习效率。

一、进行主题学习的依据

初中道德与法治课程是一门以初中学生生活为基础、以引导和促进初中学生思想品德发展为根本目的的综合性课程。它既强调综合性，即教学活动要与初中学生的家庭生活、学校生活和社会生活紧密联系；又强调实践性，注重与社会实践的联系，引导学生自主参与丰富多彩的活动，在认识、体验与践行中促进正确思想观念和良好道德品质的形成和发展。

因此，在教学过程中，应该立足学科核心素养，充分发挥学科的德育功能；应关注学生在文化知识、自主发展、社会参与等方面的素养，站在学生长远发展、终身发展的立场面向未来去培养学生；教师应转变教学理念，合理开发学习资源，激发学生的学习内驱力，以实现课程价值最大化。

二、主题学习案例

在学习《道德与法治》七年级上册时，依据课程标准，我们备课组设计了两个学习主题：一个是"老师的中学时代"，一个是"北京十一实验中学学习生活常见问题解答"（见表 12）。

表 12 《道德与法治》七年级上册的两个学习主题

主题\\环节	老师的中学时代	北京十一实验中学学习生活常见问题解答
教材内容	七年级上册第一课 中学时代 七年级上册第六课 师生之间	七年级上册第二课 学习新天地 七年级上册第四课 友谊与成长同行 七年级上册第五课 交友的智慧 七年级下册第六课 "我"与"我们"
学习目标	通过和老师的有效沟通，了解老师的中学时代，明确中学时代对中学生成长的意义，理解教学相长	根据在我校一年的初中学习生活实践，说出适合自己的学习方式，说明学习的意义，归纳友谊对自己成长的意义、不同集体对个人成长的意义
核心任务	通过采访老师，小组合作完成一张海报	讲述在校学习生活的故事
子任务	1. 自主完成《读本》第一课、第六课 2. 小组合作设计采访提纲（包括小组成员分工） 3. 写个人采访感想，150 字左右 4. 制作手写版海报一张（包括访谈老师的画像一张、访谈问题与老师的回答、想对老师说的话）	1. 自主完成《读本》上册第二课、第四课、第五课，下册第六课 2. 小组合作提出常见问题（至少两个） 3. 以讲故事的形式作答（可互换问题作答）
成果形式	课堂任务单、采访报告单、课堂海报、采访合影（必选） 视频记录、录音、个人采访感想等（可选）	挑选好问题、好故事印刷成册，做成推介本，给新初一的学弟学妹作为入学指引，使他们尽快适应初中生活

三、主题学习带给学生能力提升

在"老师的中学时代"这个主题学习中，学生通过访谈，了解老师在中学时代的学习生活，不仅可以拉近师生之间的距离，也可以促进师生之间情感的交流。学生可以从老师那里借鉴成长过程中有意义的事情，从而促使他们在成长的道路上进行合理的自我规划，意识到自己是学习的主体，掌握知识、增长智慧、发展思维和情感，这些都需要自己建构，老师只起引导作用。

另外，以小组为单位设计访谈提纲，不仅可以预设要向老师了解的内容，更可以促进学生间的交流与合作，提升学生的协作能力，让学生意识到合理的设计需要每个人参与。下面是学生的访谈提纲"问题与目的"部分：

［问题］

1.请问老师，中学时代有哪些对您影响很深远的事件？

2.请问老师，您是怀着怎样的心情度过初中三年的？心情会随时间的变化而改变吗？

［目的］

1.询问老师中学时代有哪些对其影响深远的事件，有助于我们学习老师当年的经验，进而成为更好的自己。

2.我们借此可以大概了解初中会有哪些需要面对的问题。

下面是两位学生的访谈感受：

1.我采访的是孙老师。我的感受是：初中三年时间虽少，但非常可贵。三年里我们可以培养良好的道德品质与学习习惯。在这三年中，我们要规划好梦想，勤奋学习，向着梦想进发，将来成为对社会和国家有用之人。

2. 我采访的老师是崔校长。我的采访感受是：崔校长初中的梦想是考上高中，然后考上大学。崔校长靠着努力和坚持，实现了梦想。后来，他帮助许多学生实现了梦想。虽然已经工作许多年，但他仍然坚持读书。通过这次采访，我认识到我应该抓住青春时光，好好学习，不浪费这段美好时光。

学生做海报需要把构思落实到一张大白纸上，不仅要把所访谈老师的主要内容呈现出来，更要给人视觉上的美感，这就需要小组里有学生承担主创任务。这给了有这方面能力的学生展示的机会。做好海报后，教师节那天早晨将它们张贴在教学楼楼道里，用这一特殊方式庆祝教师节，向老师表达敬意。学生看到自己的作品被张贴在楼道里，向老师表达教师节的祝福，感到这种形式非常特殊，很有意义。

四、主题学习提高了教师的教学设计能力

在设计主题学习活动的过程中，教师的教学设计能力也得到了提升。

（一）学会了确定学习主题

学习主题的确定，对活动的设计与开展至关重要。只有明确学习主题，才能根据主题对教材内容进行整合，确定学习内容。学习主题需要根据学习内容和学生的生活实际确定。确定学习主题有多种方式和原则。例

如，可以根据阶段性能力培养目标来确定，可以根据节日来确定，也可以根据年级或者学校的学生主题学习活动来确定。"老师的中学时代"这个学习主题，既和教师节有关，也是年级的主题学习活动。

（二）学会了创造性地使用教材

教材是教学的依据，也是开展主题学习的依据，教师必须在熟悉、理解教材的基础上，对教材内容进行合理整合。例如，学习主题"北京十一实验中学学习生活常见问题解答"，就整合了教材的内容，既有七年级上册教材的内容，也有七年级下册教材的内容。

（三）学会了引导学生自主学习和探究

要顺利完成主题学习，课前就必须引导学生有效完成自主学习。例如，"北京十一实验中学学习生活常见问题解答"这个学习主题，涉及的教材内容比较多，跨度比较大，非常有必要用两节课指导学生阅读教材，并完成学校自编读本中与之相关的基础练习。这样，学生在对学习内容有了一定的了解后就可以在此基础上顺利进行主题学习活动。

在这个主题学习中，学生要以小组合作的方式提出自己在学校学习中遇到的常见问题（至少两个），然后以讲故事的形式作答（可互换问题作答）。每个学生在学校学习生活中遇到的问题不完全一样，每个人解决问题的方式也不同。用这种方式可以引导学生通过实践发现问题、解决问题，并且促进同伴之间相互学习。

（四）学会了选择合理的教学资源

教学资源是无限的，最终选择的资源却是有限的，因此要学会选择资源为教学服务。例如，《道德与法治》七年级上册第一课中有这样一个探究活动：查阅名人资料或采访身边的人。这一探究活动给我们带来启发：何不让学生采访身边的老师呢？老师距离学生多近啊！他们每天都陪伴在学生身边。于是，我们选择了贴近学生校园生活的、生动活泼的活动——采访老师。我们让学生自己设计采访提纲，提出问题，发现老师身上可以学习的道德品质。这个资源是鲜活的，能激发学生的情感体验。

在学科教学中，应多进行主题学习活动，以不断提升学生的学习能力和学科素养。

》王亚凤

情感教学在艺术教育中的作用

健全的人格、健康的思想是人生发展的第一粒扣子。艺术学科应利用自己的独特优势，关注新时代青少年心灵的塑造，关注特质学生的转变，持续通过艺术感化人心、激励意志，帮助学生重拾学习信心，找到人生价值，发现自身潜能，进而不断完善自我，突破自我，革新自我。

艺术教育能健全人的审美心理结构，陶冶高尚情操，培养全面发展的人。

一、从艺术角度挖掘学生的比较优势，树立学生的发展自信

大部分所谓"特质学生"的一个普遍性问题是缺乏自信。他们的学习成绩较差，没有发现自身的独特优势或与其他同学的比较优势。考试成绩几乎是衡量学生的唯一指标，直接造成评价指标的单一和绝对。这一方面造成学生的个性化优势难以被发现和挖掘，因材施教沦为纸上谈兵。另一方面，因为学业成绩较差，自身优势又被忽略，这些所谓"特质学生"无法确立自信，陷入恶性循环。所以，拓宽学生的成长道路，改变单一评价指标，帮助学生找到比较优势，树立自信，明确目标，是解决所谓"特质学生"问题的首要任务。理论和实践都证明，培养艺术特长生对解决这个问题有独特的示范作用和重要的现实意义。

以下是一个案例。

　　小欢很自卑，表面好胜，显得另类，实际上在与同学、老师交往时很不自信。班级活动她常常不愿参与，没有热情。学习上她一直怕用功，怕动脑，怕发言，怕失败。她只想由着自己的性子，随心所欲地做事，厌学心理较重。

　　虽然早有耳闻，但初见小欢，她还是让我感到有些意外。她穿着白色带扣的小衫，最上面的两个扣子未系，化着浓妆，散着头发，很自然地跷着二郎腿坐在我对面。我知道小欢是想通过表面的叛逆、特立独行的方式，引起我的关注，获得自己内心的满足。第一次和她接触，我刻意准备了两个问题作为铺垫。第一个是"你的理想是什么"，她满不在乎地对我说："我这种人也考不上什么大学，我的理想就是开个咖啡店，自己能养活自己就行。""这真是个很不错的想法，但是老师觉得，如果你能接受正规的大学教育，咖啡店一定会开得更好。"可能从没有人对她的理想持如此肯定的态度，她有些吃惊，睁着大眼睛看着我。紧接着我又开始问第二个问题："你想如何度过一生？为理想奋斗，还是碌碌无为？""我没有什么理想。"她不假思索地脱口而出。"每个人都是特别的，问问自己是否真的一无是处。"小欢好像明白了些什么。其实，这个时候我们的交谈才刚刚开始。我微微一笑，对她说："很多事情并不是绝对的。适合你的，就是最好的。"这次谈话结束后，通过层层考核，小欢进入学校艺术素养班学习表演，并决定以此为专业实现上大学的梦想。

　　经过一段时间的专业学习，小欢逐渐找到了一些自信，每次专业课都能参加，但对文化课依然提不起兴趣，照旧天天旷课，我行我素。我和她的导师一起寻求对策。为了保护她刚刚建立起来的自信，我任命小欢为艺术素养班的纪律委员，负责考勤，意在让她摆脱被管理者的被动，改为管理者的主动自我监督。这样的安排激发了她的自律意识，也增强了她的学习主动性。此外，在一次次交流中，我坚持循循善诱，因势利导，耐心细致地一次次帮助她明辨是非，和她一起守护可贵的自信心，并将这种自信迁移到文化课的学习上。

二、用艺术教育发掘学生的潜能，拓宽学生培养渠道

高中阶段是学生形成个性、完善品格、自主发展的关键时期，也是实现学生全面发展、和谐发展、主动发展、开发潜能的关键时期。艺术教育不仅是素质教育的内容，还是不可或缺的教育手段。小欢曾经漠视父母的苦口婆心，仇视老师的严厉教诲，无视命运和前途，但随着艺术学习的逐渐深入、专业技能的逐渐提高，她对世界的态度悄悄发生了改变。

艺考中的自备人物特写，我和小欢选择的是一个毒瘾少女的角色。为了让小欢演好这个角色，我采取了角色换位法，既让她揣摩毒瘾少女不慎染上毒品的懊悔与无助，又启发她进行换位思考，思考、演绎母亲得知女儿染毒后的痛苦和悲伤。在这一过程中，她渐渐走进了角色。当最终以饱满真挚的情绪演绎出毒瘾少女的人物形象时，她不仅明白了正值芳华的自己应该怎样规避类似的问题，同时也读懂了十多年时间里父母的满满期待和老师的谆谆教诲。

凭借我对她六个多月的悉心辅导和精准的专业定位，凭借过硬的专业素质，小欢在艺考中一路过关斩将，取得了优异成绩。可谁知"一模"过后，我从其他学生口中得知小欢已辍学并已提招大专的消息。虽然专业课考得很好，但她遗憾地表示文化课实在坚持不下去了。不打算考本科的她完全放松下来，开始了夜不归宿、整日泡网吧的生活。听到这些我特别着急。就在这时，峰回路转。在一所名校的专业课考试中，她获得了全国第一的成绩。这成了转机，在我连续几天的劝导、鼓励下，她又一次走进课堂开始文化课的集训。高考前的一段时间里，我们天天发短信，她汇报每

天的学习情况，我鼓励她坚持下去。最后，小欢以比较好的文化课成绩和专业课总分第一的成绩接到了大学录取通知书。她在电话里喜极而泣，说了八个字："老师，谢谢您救了我。"听了她发自内心的话，我也流下了欣慰的泪水。

三、用艺术点亮学生的人生

安·兰德（Ayn Rand）说，一个人回首他的童年和青年时代时，能够触动心灵的不是他有过怎样的生活，而是那时的生活中有过怎样的希望。艺术根植于人对生命终极意义的追问，或者说，人追问生命终极意义的诉求使人选择了艺术。从多年的艺术生培养和教科研实践来看，我认为，艺术能陶冶人的情操，丰富人的精神生活；艺术教育能够有效激发学生的想象力、创造力，促进学生身心健康发展和人格完善。

小欢奋力叩开了通往艺术殿堂的大门，点亮了人生前行的道路。进入大学后，她没有懈怠，专业上精益求精，她立志以此作为新起点，不断追寻更高的人生目标。大一时，她就确立了考研的志向。与此同时，她积极参与社会活动，努力回报社会。她热心社会公益活动，现在的她和两年前的那个"问题少女"判若两人。

四、三个重要体会

首先，学生必然存在个性、素质、学习能力、生活能力等方方面面的差异。拿一把尺子丈量所有学生，必然问题很多。对此，必须逐步建立起"基于差异的指导性教育"系统。艺术教育不仅为学生全面发展提供了可能，也为学生升学提供了新渠道。应"寻找适合每一个孩子发展的途径"，这样，艺术教育对"特质学生"的转化才具有独特作用，可以为每一位学生成长成才提供个性化的路径。

其次，师生关系是学生要面对的非常基本的人际关系。关系会直接影响学生的心理和行为。良好的师生关系，是正常的学校生活所必需的。正所谓"亲其师，信其道"。良好的师生关系会激发学生前进的信心，不仅会提高学生的学业水平，还会激励他们扬起远航的风帆。

最后，"特质学生"的转化有多种途径、方式、手段。艺术教育只是其中一个，在学生自我认知、自我完善、自我实现，形成积极的人生态度，树立正确价值观的过程中能起基础性作用。这是在十一实验中学育人模式下转化"特质学生"所形成的工作思路。其核心要义是利用积极因素，克服消极因素。我们要善于发现和利用积极因素，坚持用爱心、耐心与细心去帮助和引导学生找到自身的闪光点与比较优势，并不失时机地强化学生的认识，放大和迁移学生的优势，让学生树立切实的自信，明确前进的方向，达成可行的目标。在这一过程中，应始终注重帮助学生不断增强成长所需要的内动力。学生人格的自我完善、能力的有效提升才是根本。

》闫惠

"行圆条"的故事

　　行圆分是对学生日常行为规范的评价。在初一入学教育时，我们会对学生进行培训。每个学生的初始分数都是 100 分。开学初期，学生都非常重视行圆分，不想被扣分。每位学生都小心翼翼，在日常行为规范方面表现得都很出色。学生犯了错误，常规项目组的老师会依据规则给他们开行圆条，扣行圆分，并要求他们放学后找相应老师。老师则对其进行教育，让他们抄写学生手册中的相关内容或者写反思检查。

　　起初学生很怕被扣分，被扣分后还要找老师，非常麻烦，所以都很惧怕行圆条。老师在处理犯错误的学生时，只要一提行圆条，学生就会乖乖听话，承认错误。

　　慢慢地，随着学生相互熟悉起来，一些小问题逐渐暴露出来，个别学生被扣掉不少行圆分。杨同学就是其中一个。与同学发生矛盾或者产生摩擦时，她通常采取吵架、打架等简单粗暴的方式解决。起初因为害怕被扣分，所以"夹着尾巴做人"，还能克制自己的情绪。慢慢地，因为不善于和同学相处，和同学的矛盾越来越多，扣行圆分也压不住她的情绪了，她屡屡因为打架问题而被扣分。久而久之，她的分数越扣越低，与其他同学差距很大，慢慢地，对她来说，行圆分已经"不重要"了，行圆条也不再能起到"警示"作用。

　　为什么行圆条起初很有用，但越到后面越不起作用了呢？大家对行圆条进行了反思。行圆条只是规范学生日常行为的一种方式，不能完全依赖它去解决问题。行圆分很重要，不过，学生犯错误后，不能只是扣分处理，因为这不是从根本上教育学生，不能真正解决问题。应该对学生进行规则、规范教育。学生在行为规范方面出现问题后，教师需要和学生沟通，帮助学生正确处理矛盾，正确进行人际沟通。这才能真正解决问题。

借助这次反思，我们有了新思考。比如，行圆条一定能降低学生犯错误的次数吗？行圆条仅仅能在学生犯错后发挥作用，而我们应该思考如何正向引导学生避免犯错，帮助学生少走弯路。

于是，我们改变思路，开始注重在"事前"做文章，而不是"事后"处理。例如，初一年级的教育关键词是"规则·规划"。什么是规则，怎样才有约束下的自由，如何合理规划、培养学生的自主学习能力等一系列问题，都需要提前和学生解释，并对他们进行正向引导。应该让学生参与进来，共同研讨规则、规划。应获得学生的认同，用正向的行为对学生进行引领和示范，并分享和展示优秀案例。比如，之前我们总是不由自主地强调扣分项，或者做了什么行为就会被扣分，传达给学生的都是不应该这样或者不能那样。如此一来，学生并不明白"我应该怎样做"叫遵守了规则或做到了合理规划。我们应该让学生明白什么行为可以获得行圆分加分。比如，主动打扫学科教室，主动帮助同学解决问题、补习功课等。学生认同规则的意义和重要性，知道如何做是遵守规则和尊重规则后，就会出现一个学生带动另一个学生，一拨学生带动另一拨学生的良性发展。

》张征宇

做智慧导师，谋无痕教育

学校向十一学校育人模式转型后，传统的班主任和行政班不见了，变成了导师和导师班，这让我在备感新鲜的同时，困惑也随之而来：导师和班主任都是对学生进行教育，二者有什么本质上的不同？怎样做才能体现导师的意义？

突如其来的疫情，改变了我们的生活方式。延期开学、网络授课等一系列新事物，让我们提前走进"云端教育"。这将导师从繁杂的日常管理工作中解放出来，使其可以真正发挥"导"的作用。然而，学生散落在各处居家学习，此时导师该如何发挥作用，如何进行"云端教育"呢？

学校《行动纲要》中这句话——"学校的重大教育活动都尽可能办成学生的节日，并使学生终生难忘"，给了我很大的启示。虽然很难将教育做成节日，但可以将教育做成活动。

于是，我将所有的教育设计成了活动。

2020年2月，疫情肆虐，正值寒假，为了丰富枯燥的隔离生活，缓解学生的焦虑，减小学生的压力，我设计了以下活动。

一、"疫假期，益生活"主题活动

这个主题活动由七个小活动组成。

活动1："疫"起规划。指导学生制订计划，规划生活，包括学科学习、体育锻炼和娱乐休闲等。2月1日布置制订计划的任务，2月2日制订计划并发布。计划要求做到"三实"：要真实，能落实，做扎实。

活动2："疫"起防护。每天9点前按时填报、提交居家生活情况问卷。针对疫情，写倡议书，录制防护建议视频，以引起对防护的重视。

活动3："疫"起锻炼。上传运动视频，引导大家重视体育锻炼。

为了更好地锻炼，我们主动联系体育老师，请他对学生进行专业指导。体育老师则为班级学生设计有针对性的运动项目，并一对一进行线上指导。

活动4："疫"起读书。选择能给人鼓舞、让人充满希望的文段，拍摄朗读视频，传递战胜疫情的信心、决心。

活动5："疫"起学习。拍摄有关学科知识的讲解视频，互相学习。

活动6："疫"起查作业。学生通过图片或视频展示寒假作业，让同学和家长打分。没有硬性要求，没有督促，通过同伴示范和引领，引发学生对自己学习情况的反思。学生和家长非常关注这个活动。这个活动相关微博的阅读量最少是84次，大部分在两三百次，阅读量最多的是吕同学的作业展示，达到518次。

活动7："疫"起"美食"。这是极受欢迎的活动。学生发布一道美食的制作过程，以反映真实的生活状态。不仅要发布美食的照片，还要给美食起名字，设计宣传语。其中最受关注的是安逸蛋糕，阅读量居然达到1038次。

每项活动分为几期，全员参与，通过摇号、匿名推荐等方式，增加趣味性，并在班级微博上进行展示。

虽然隔离在家，但生活不能封闭。这些活动为枯燥的生活增加了一些乐趣。学生在活动中相互学习，相互影响，了解他人在家如何学习、如何生活，继而改变自己。为了方便大家观看，我申请了班级微博，每天发布一条。微博的点击量从一开始的十几到几十，再到后来的几百，影响不断扩大。通过这种形式，让散落在各处的学生和家长感受到班级的氛围、老师的关注，体会到学校、老师对学生成长指导的重视。之前师生的情感交流主要发生在学校、教室里，现在云端的班群和微博成为交流的新场所。只要心中有爱，关注无处不在。

二、我的官宣"爱豆"

进入 3 月份，网络明星的一些事件成为人们热议的话题。一时间，各个明星的粉丝开始笔战。中学生是追星族的重要一员，相关明星也曾是班里学生议论的话题人物。于是，我设计了"我的官宣'爱豆'"主题班会，引导学生形成正确的价值观。

学生的世界，永远超乎想象。从战疫英雄到电竞运动员，从体育明星到二次元动画形象，每个"爱豆"，不仅有颜值，有技能，身上还洋溢着努力奋进的力量。我也被深深吸引，学到了很多知识。原计划 40 分钟的交流，结果进行了 90 多分钟，学生在展示中积极讨论、交流。为了不影响学习，大家才依依不舍地结束了线上会议。

这次活动，我们还向家长发出邀请，参与的家长也纷纷为学生和老师点赞。

三、以爱之名

进入 5 月，商家开始运作各种节日以促进消费，一时间网络推送很多。特别是 5 月 20 日，处于青春期的学生很关注，他们也在悄悄地议论。爱是一件美好的事情，我从不同角度解读了"爱"，希望学生能够向所有帮助、关心、守护他们的人表白。

学生的表白丰富多彩。不少学生向父母、同学、医护人员表白，最让人感动的是一位学生对学校的表白。这是一个很有个性的孩子，在离开学校三个多月后，他表达了对学校的情感。

爱是需要传递的。学生完成任务后，我把他们对父母的表白通过微信发给家长，让家长一起感受孩子成长的幸福。

返校后，我们把充满爱和温暖的表白做成海报贴在教室里，让爱继续传递下去。

四、不"童"的精彩

经过三个月漫长的居家学习，6月1日师生终于回到了久别的校园。学生虽然已经不再是儿童，但依然是孩子。在这个特殊的日子里，我为每个学生都准备了礼物 —— 一支棉花糖，并进行了"不'童'的精彩"主题教育活动，表达老师对他们的期望和祝福。学生拿到礼物后感觉特别意外，没想到今年儿童节还有礼物。一个学生说："老师，这个棉花糖我每天吃一点儿，要吃一个月，要过一个月的儿童节。"听了他的话，我很感动。

我带给学生惊喜，学生带给我感动。6月1日一大早，我走进教室时，看到一束清新、雅致的花静静地站在我的课桌上。一百多天的辛苦付出、一百多天的牵肠挂肚，我的良苦用心、我的精心设计，在这一刻有了回响。

黑板上我写的欢迎小诗、精心设计的儿童节活动，向学生传递着我心间的声音。而课桌上的花束，是对这心间声音最美丽、最芬芳的回响。这束花让我感到幸福、感动的同时，也坚定了我用活动开展教育的信心。

作为导师，我没有苦口婆心地说教，没有煞费心思地点评，而是将主要心思放在提供舞台、设计规则、把控节奏上，让学生在活动中思考，在思考中实践，在实践中感悟；同时接受来自同学、家长的帮助和影响，最终达成预期的教育目标。

苏霍姆林斯基说，任何一种教育，孩子在其中越少感觉到教育者的意图，其教育效果就越大。学生需要从外界直接获得认知，然而"纸上得来终觉浅，绝知此事要躬行"，能触动内心、直达心底的，一定是全身心投入的参与、体验。

在以人为本的教育中，在十一学校育人模式下，导师不仅要看到人，更要用人性化的眼睛关注学生，关注他们生活的点滴，关注他们细小的生命需求。只有真正考虑到学生的心理特点和实际需求，才能更友善、更亲切，将教育工作做得更易于学生接受。

导师需要教育智慧去设计"会生长"的活动。每一项活动中随时会有新问题产生，我们随时要有新对策应对。在师生的努力下，活动不断丰富，不断生长，教师、学生也不断获得成长。

导师需要教育智慧去设计充满平等、信任与尊重的活动。教师只有成为活动的亲历者，才能发现真问题，实施真教育。在这样的活动中，教师不再是高高在上的场外指导，而是参与其中的同行者。师生共同面对问题，解决问题。当教师放下身段，给予学生真正的信任和尊重时，学生也会呈现真实的自己，敞开心扉，接受他人的帮助。当老师成为学生"心灵的栖息地"时，学生就能回报老师"出乎意料的惊喜"。

总之，发现、唤醒和帮助是教育的重要任务。无论选课走班制还是导师制，都是为了更好地发现、唤醒和帮助学生。导师需要更敏锐的眼光和更智慧的头脑来捕捉教育契机；需要更丰富的理论知识助力工作，做融入生活的活动、融入智慧的教育。

》茹文晏

重视个别化

在带领学生准备地理中考一轮复习时，周同学的表现令我非常苦恼。他自学能力较强，学习成绩处于年级前 20%。在复习时，其他学生都干劲十足，恨不得课上能多挤出几分钟，但周同学不感兴趣，没有跟着大家的节奏一起复习，有时他自己看地理书、复习资料或做练习题。怎么办呢？

对他放任自流，可能会分散其他同学听讲的注意力："周同学都可以不听讲，为什么我就非得听呢？"怎么和其他同学解释呢？在同一个课堂中可以存在不一样的学习方式吗？

这引起了我的深思，我们不得不承认的是，不同的学生有不同的学习方法。孔子在两千多年前就已经提出因材施教的教育思想，即根据人的志趣、能力等具体情况，在尊重和关注人的个性差异的基础上进行不同的教育。李希贵校长认为，教育的价值追求是让每一位学生成为他自己。课堂终归是为学生服务的。"创造适合每一位学生发展的教育"。只有关注学生的个体差异，尊重不同的学习方式，教育才有可能使学生成为他自己。只要我们的教育价值取向与学生的学习目标一致，在同一个课堂中就可以存在不一样的学习方式。但是对学生，也要有底线要求，这需要和学生达成一致意见。课堂上进行个别化学习的学生需要有一定的基础，应具有较强的自主规划能力和自律性，其学习目标、学习进程和学习成果也应总体可控。

那么，不同的学习方式怎么在同一间教室里施行呢？经过认真思索，我尝试给教室分区，将其分为三个区域：教师辅导区、自主学习区和同伴互助区。学生可以自主选择。在教师辅导区，学生按照教师的学习安排，在教师带领下统一学习。自主学习区适合基础好、自律性强、具有较强自主规划能力、善于自主学习的学生。在同伴互助区，学生可以找志同道合的伙伴，按照他们自己的学习规划进行自主复习，互帮互助。同伴还有互相监督、互相促进的作用，同伴的鼓励更能激发学生的内动力。有些学生为了给同伴把习题讲好、讲明白，会提前备课。这无形中就把地理学习推向了更深层次。这种给教室分区的学习方式给了学生以信任，还锻炼了他们人际交往的能力，在学到地理知识的同时，可以获得更多成长。

周同学的行为激发了我的思考：应努力实现个别化教育，启动每一位学生的内动力。只有关注学生的差异，个别化教育才能够落到实处。个别化教育还有助于学生从不同角度立体地看世界。十一学校育人模式为学生提供了多样化、可选择的课程；选课走班的教学组织形式，为学生个别化学习、个别化教育提供了可能。正是由于尊重了学生差异，尊重了教育规律，所以我们收获了成绩与素质的双赢。在中考中，地理学科取得了优异成绩，优秀率达到了90%。作为教师，我们更收获了学生的信任与爱戴。

教师的幸福就是在学生未来对社会的贡献里发现自己的人生价值，在学生今日之爱戴与未来的回忆中寻找富有乐趣的教育人生。个别化教育可谓教育工作的基础，更符合人的成长规律。

》孙天华

线上教学小策略

面对多变的教育教学形势以及疫情带来的挑战，作为毕业班的一名教师，我深深地懂得肩上的责任重大。只有迎难而上，执着坚守，探索实践，思考总结，才能帮助学生找到适合他们成长的轨道，助力他们成为最好的自己，也才能不停下研究的脚步，实现教师的自我成长。

一、个别化辅导定制服务

老子说："天下大事，必作于细。"追求细节是一种工作态度，更是一种行动。只有这样，才能让教学瞄准靶心，实现高效学习。

居家线上学习，个性化辅导必须真正落地。结合学生上交的作业，我及时发现问题，了解每位学生的需求点，梳理出他们薄弱的地方。比如，栾同学等人的基础知识、曹同学的答题思路、曾同学等人的默写，等等。然后，一一跟踪，对症下药，精细落实，巩固知识，用个性化定制服务代替整齐划一的安排，实现高效学习。其间，我更加深入地理解了十一学校的育人理念，提高了为所有学生服务的意识。

策略1：文字讲解

刚开始辅导时多采用这种形式。先分析问题点，帮助学生挖掘题目的考查点，然后把答案发给学生，帮助他们梳理答题思路，并进行审题指导。这样的辅导直观、易操作，但文字过长，对有些学生来说可能效率低下。

策略 2：语音讲解

实行一段时间后，我调整了策略，由文字讲解变为语音讲解，把知识点切分，做成一个个短小的音频。如果学生在线，就会随时回应。这样，师生间就会有互动。这增添了亲切感和真实感。为了了解学生是否认真听了老师的解析，我又想到了一个方法，那就是随时通过语音提问抽查，让学生回答当天分析过的题目，从而了解学生的落实情况，以此来督促他们学习。

策略 3：录制微课视频

后期，学生逐渐变得倦怠。为了提升学生的兴趣，帮助他们实现高效学习，针对学生的共性问题，我录制微课视频，有时也让学生录制。学生积极参与，无论是讲还是听，都能对所学知识有不同程度的理解。

策略 4：作文辅导连续跟进

作文是提升优秀率和及格率的重要一环，我坚持一对一耐心辅导，从审题、选材、立意、语言等多方面指导学生。有时，我还会写个片段做示范。特别是后期，我加大辅导力度，给学生提出各种修改建议，从谋篇布局到具体细节，都会和学生耐心沟通。有时学生发来作文，我看完后会发给语文组的其他老师，让他们帮忙把关。通过与其他老师的沟通，学生可以更客观地了解自己的作文水平，我也能更精准地找到帮助学生的问题点和提升点。

二、关注沟通，疏导情绪

初三学生要面对多重心理冲击，特别是春季学期。因此，和学生、家长沟通交流就变成了我日常工作的一部分。

策略1：分类分期跟进学习与心理指导

对基础较好、学习主动、成绩突出的学生，我及时在群里表扬鼓励，让他们成为同伴的榜样。单独沟通时鼓励他们保持自信，帮助他们调整学习状态，分析漏洞，引导他们了解自己的薄弱环节，提醒他们有意识地加大这方面的学习，找到学科的增长点。学期后半段尤其注重交流沟通，加强心理疏导，帮助学生保持良好心态，树立信念，引导他们排解压力。

对有一定基础，但较懒散、不能坚持的学生，在随时沟通、鼓励的同时，我加强督促和提醒，引导学生坚持不懈。

对基础薄弱、学习兴趣不高、心理状态不佳的学生，我注重观察细节，挖掘其闪光点，在课上或者微信群里表扬，并不断提醒、鼓励他们跟自己比，关注自己的进步。

策略2：真诚走近、融入学生的话语体系

要消除学生与老师之间的鸿沟和距离感，就需要老师知情，去了解学生；就需要老师生情，去亲近学生；就需要老师共情，去理解学生。教师不仅要蹲下来倾听学生，更要尊重、宽容、悦纳、关注、关爱他们。应走进学生的生活，了解他们的话语体系，关注他们的朋友圈，了解他们的兴趣点。这些都有助于师生沟通。我还特别注意学习他们的话语，比如"天之队""中二"等。有时我会在群里发这样的话，这样能拉近和学生的距离。

策略 3：家校沟通助力学生成长

王同学因不参加中考，选择自主学习。一天早晨，他妈妈突然给我发来信息，让我给孩子爸爸打电话，说一说孩子教育的问题。她担心孩子逆反，还要求我不能让孩子爸爸知道这件事。面对家长的信任，我找到机会跟王同学和他爸爸沟通，肯定王同学的同时，指出他在学习中存在的问题。我提醒家长让王同学抄写自己感兴趣的内容，给他一定的自主空间；引导家长调整预期，寻找最佳解决策略。我的努力得到了家长的认可。

韩同学理科较好，但上学期期末考试和"一模"作文都跑题了。为此，我和他妈妈一起督促他，与他沟通，提出修改建议，让他一次次修改，直至改好。下面是部分修改建议：

整篇：已经有进步了，内容丰富了些，但故事性还是不强。

片段分析：有了一些具体内容，但还要加入人物的外貌或神态、语言、动作以及心理描写等。转述得多就会缺乏感染力。

修改建议：人物刻画得太简单，画面感、故事性不强。要给大家讲一个故事，就要写清故事发生的时间、地点、起因、经过和结果。比如，在工作中，他如何跟人们说话，具体做了什么，等等。

他想报考十一学校，我鼓励他，并提醒他要注意语文学习，不能让语文成绩拖后腿。中考时，他考出了好成绩，顺利进入十一学校。

策略 4：注重趣味性，将时事与学科相结合

语文学习离不开生活。为此，我特别注意抓住教学契机，时常在群里发一些时事与知识点相结合的趣味小练习。比如，写对联、书法，以及仿

写等。这些练习让一部分学生兴奋起来，积极参与，同时也能让学生放松心态，减缓焦虑，巩固知识，学习各种道理。

策略 5：激励鼓劲，树立榜样

为增强学生的自信心，我经常在群里发及时上交且质量高的作业，发布做得好的学生名单，以引领其他学生。在考试等关键节点，我会特意发些鼓励的话语，帮助学生树立信念，减缓焦虑。

比如，下面的几则"每日播报"：

> 昨晚，张同学等已把作业交给了我。这几位同学辛勤付出，让人感动，更让老师心疼。大家每天的学习任务很繁重，要注意劳逸结合，张弛有度，合理安排作息时间。学习时应专注投入，休息时应放松心态，还可做家务。

> 目前，曹同学等已完成今天的两项作业，非常棒！让我们一起追逐梦想。老师会一直陪伴你们，更会全力以赴帮助你们。

> 用心的人，是我们前行的榜样！

> 新的一周，做有梦的人！脚踏实地，合理规划，均衡学科，高质高效！

> 新的一天，努力做到自主、自治、自觉、自省、自发！

三、共性盲点，精准解析

从练习中，我及时发现学生存在的各种问题，梳理、总结出共性问题，并对这些问题集中进行讲解，采用多种策略帮助学生逐一突破学习难点。

策略1：制作知识点小贴士

学生对赏析题、对联题、标点题等掌握得较差。我便制作知识点小贴士课件发给学生。用课件呈现知识重点，指导学生做题方法，还附上小练习和简要解析。

策略2：制作专题课件

6月，重新开始线上教学，我坚持每节课都做课件，对学生在练习中出现的问题集中进行讲解。针对病句、议论文、文言文、作文审题等，我专门制作课件，讲解每一类题型的共性考查点，强化落实表达的思维路径与答题技巧。

》吕金荣

第四辑

组织结构与制度机制

年级转型的实践与思考

学校更名为"北京十一实验中学",成为十一学校的盟校,进行综合教育改革实验。那么,学校第一届改革年级的转型之路该怎么走?

一、分布式领导

没有了行政班,我们一度感到焦虑:没有班主任,谁管学生?年级怎么管理?没有行政班,学生去哪里?教育机制怎么调整?……

实行选课走班的教学组织形式后,我们采用分布式领导的方式来保证年级运行。所谓分布式领导,是指组织的不同成员根据自己的能力和环境的变化动态地分享领导角色。分布式领导有以下主要特征:

第一,领导角色由多个组织成员共同承担。年级的事,不再都由年级主任管理,不同项目由不同老师领导,大家都是领导者,而不是管理者。

第二,领导角色更替的依据,是任务特点和成员能力的匹配程度。谁能干这件事,就让谁领导。

第三,领导角色是动态更替的。分布式领导的岗位都是根据需要灵活设立的。比如,初一上学期我们为某件特别重要的事情设立了一个项目组,任命了一位主管,到初二这个项目组可能就被取消了,但新的项目组、新的主管可能又诞生了。

没有行政班和班主任,教学班老师就是教学班班主任,导师及其他分布式领导都承担着教育学生、管理年级的责任。年级教师共同对全年级的学生负责，全员育人，将教育、教学融为一体。学生没有固定班级，那就开放教室和其他空间，让学生哪儿都能去，让他们在更多集体中找到自己的位置。没有行政班，就要建立每一位学生对自己负责的教育机制。

（一）分布式领导的设置与赋能

当时我们设立了八类分布式领导，包括导师、教育顾问、咨询师、活动顾问、课程主管、自习项目组、小学段项目组、诊断与评价项目组。排课、选课的工作，是由课程主管去完成，还是由各分布式领导去完成？以前我们会让课程主管去处理所有和排课、选课相关的事情，因为课程主管最先掌握排课、选课操作程序，由他们操作效率更高。但依据各分布式领导的职能，排年级课表是课程主管的工作，排自习课表是自习项目组的工作，排小学段课表是小学段项目组的工作。因此，现在各项工作应当由相应的分布式领导去完成。

同样地，在小学段期间，自习教室和管理自习的老师是由小学段项目组安排，还是由自习项目组安排？根据分布式领导的职能，小学段期间的自习设置，应该由小学段项目组负责。刚开始安排相关工作，小学段项目组肯定会遇到各种各样的问题，虽然自习项目组可以提供必要的指导和帮助，但第一责任人应该是小学段项目组。

一项工作由哪个分布式领导来承担，应该根据其职能来决定。

（二）分布式领导与年级主任的权力界限

自习项目组在查自习时，发现总有学生在讨论问题或者小声背书，调查后得知，很多学生迫切希望能设立不同功能的自习教室。那么，能否设立不同功能的自习教室，是由年级主任决定，还是由自习项目组主管决定？

自习项目组主管拥有关于自习事务的决定权。因此，主管组织项目组内的老师进行探讨。经讨论，老师们普遍认为学生的建议合理且可行。因此，老师们决定开设普通自习教室、讨论自习教室、诵读自习教室供学生选择，并与学生一起制定了自习管理制度。学生的需求得到了满足，自习课也变得井然有序。

各分布式领导拥有各自领域事务的决策权。而年级主任则应该成为每一个分布式领导的支撑，为他们提供资源和支持。

当年级主任希望下属担责的时候，要把权力分给下属。只有这样，他们才会真正形成责任意识。面对工作，他们才更愿意积极思考，才更有可能想出具有创造性的方法去解决问题。

（三）分布式领导的工作方式

最初，老师们还习惯于等待，教育顾问王老师也在等待年级主任布置任务，安排工作。随着对教育顾问工作的深入了解，王老师开始思考：我有没有权力召集导师开会商讨年级工作？关于时间安排、家长通知等年级工作，我能否直接发在群里？得到肯定答复后，王老师不再是等待年级主任安排工作的普通教师，而是能做决策的教育顾问。

每个人都有追求成功的内动力，都愿意在自己擅长或关注的方面有所成就，或者在自己负责的领域有所作为。只要有机会，每位老师都可能在特定领域、特定时段成为领导者。年级的分布式领导正好提供了这样的机会。在做分布式领导时，老师们在不知不觉中锻炼了自己的领导力。他们开始主动思考，不再等待。每位老师都变得主动起来，相互合作，这样才能更好地服务学生的成长。

二、平等的师生关系

（一）尊重学生的选择

新学年开学，按照以往的思维方式，有的老师认为，在升旗仪式或游学等集体活动中应当指定学生穿统一的校服，这样便于管理。

我们习惯用统一的标准管理学生。在传统的行政班中，我们希望班级稳定，用统一的标准来要求学生。在这种环境下，学生的个性发展会受到约束，他们容易失去自我思考的意识，更习惯听从老师的安排。要让学生成为更好的自己，就要激发学生自主管理的意识，引导他们自我规划、自我管理，而不是靠老师管。学生是单独的个体，不要用统一标准限制他们，应尊重他们的不同选择。

（二）重新定位教师角色

学生见到老师没有主动问好，以前我们就会把他叫到一旁，教育他，甚至把这件事提到文明礼仪的高度。而现在年级的老师不再这样做，而是选择主动向学生问好。

只有师生平等，学生才会真正信任老师。老师要欣赏每一个学生，既要欣赏他的优秀，更应接受他的不足。老师要平等对待每一位学生。如果你讨厌学生，那么教育还没有开始，实际上就已经结束了。

要想让教育真实地发生，我们面对的教育对象就必须是真实的。

例如，泼水节课程拉近了学生与老师之间的距离。学生不再认为老师是威严的，他们发现老师也是活泼的，是有童心的。这是我做教师以来，与学生最亲密的一次互动，带给我很大的触动。

良好的师生关系是教育的基础，设立泼水节的重要目的就是推动平等师生关系的建立。

（三）信任学生

开学一个月后，有老师占用学生的自习课。究其原因，是老师觉得学生在自习课上可能无所事事；与其这样，不如利用这个时间对学生进行个性化辅导。自习项目组主管发现后与老师沟通，杜绝了老师占用学生自习课的现象。

信任学生，是建立平等师生关系的关键。教师应当相信学生可以规划好自己的学习和生活，并想办法激发他们的内动力，让他们主动学习。

三、新的课堂文化

（一）课堂是思维生长的地方

在选课走班的教学组织形式下，如何上好课是教师面临的一个难题。以往在课堂上我们通常要讲很多内容，学生个性化的问题往往不能得到有效解决 —— 老师担心教学任务不能完成，不愿停下来解决学生的问题。在这样的课堂中，学生很容易变成速记员。本来是要培养能力的，却变成了死记知识。长此以往，学生的思维就得不到锻炼。实际上，课堂是学生的思维生长的地方。语文王老师在课堂上尝试了"1+3+1"的方式，就是1人发言，3人到黑板上记录要点，1人点评。这充分调动了学生的积极性。学生的能力因此得到了提高，思维得到了锻炼，班级进步明显。

教师不能一言堂，不能满堂灌，否则会增加学生的负担，让学生失去学习兴趣。课堂应当以学生为中心，学生的收获与感受是衡量课堂教学效果的重要标志，以学定教是课堂教学的基本价值取向。

（二）课堂是学生学习的地方

初一开学时，王老师让学生给语文学科教室起名字，让学生在任务中学习语文。学生起的名字很棒，比如陶墨轩、寒乐堂、书香斋等。学生在讲台前讲解名字的含义，当起了小老师。他们为此感到很自豪，总是问什么时候可以给教室挂上自己组起的名字。不知不觉间，学生喜欢上了语文课，学习兴趣明显增强。

课堂是学生学习的地方，是学生的舞台，不应该只是老师展示自我的地方。

（三）课堂上要尊重学生的差异

物理姜老师曾在"一模"前安排学生自学。自学内容是一些知识概念，比较多，但容易懂。她采取了教室分区、学生分层的方式，将教室分为辅导区、自学区和讨论区。她用心观察学生，有的可以持续学习，她就不打断；有的做两道题就坐不住了，她就及时反馈；有的看起来没问题，但学起来有困难，她就主动过去做个别化辅导。

差异是客观存在的，差异是一种资源。要尊重学生的差异，探索实施个别化教育的途径和方法。

（四）"学习课堂"无处不在

有一次，我和一个学生聊天，偏爱理科的他向我展示他的观察能力。

他在上学路上观察人、花草、麻雀，等等。他描写一个个细节，锻炼自己的写作能力。他时时在学习，处处在学习。我想他真的学会了学习，他的"学习课堂"无处不在。

一般，我们认为，课堂就是学生上课的地点。其实，课堂是没有边界的。它可以是上学路上，是家里，是任何学习发生的地方。

让课堂与世界连接，让学习与生活融合，让学科与学科相通，这是学习的需要，也是老师的愿望。

四、用培训替代开会

我们习惯通过开会布置工作，但这样做，行政味道浓烈，效果往往不佳。一个较好的办法就是把培训作为一种领导方式，让领导者成为教师的培训师。年级主任应该是年级组所有教师的首席培训师，把教师培养成领导者是年级主任领导力的体现。

我们把年级的成绩分析会做成了培训模式。我们设计了一个工具，其中有四个问题：一是针对本次期末诊断，请站在学科角度分析一下满意的地方有哪些、不满意的地方有哪些；二是剖析一下现象背后有哪些原因；三是思考将用什么方法解决这些问题；四是思考在使用自己的方法解决这些问题前，需要做好哪些准备。老师们在回答每一个问题时，都是以教研组为单位，先讨论，再写在白板上展示。我在老师们讨论的过程中进行个别沟通与指导。这样做既能引导老师剖析问题，找到解决方案，又能开拓老师们的思路，使全年级老师在培训中找到研究教育教学问题的方法与策略。最后，通过回答这四个问题，老师们明确了自己在假期中的任务。这些任务是老师自发提出的，与以前年级主任利用会议布置工作任务的做法截然不同，效果自然也大不一样。

这样的成绩分析会，不是只关注成绩，而是引导教师主动去寻找成绩背后的真实问题和真实原因，从而有针对性地改进教学和指导学生。

鸡蛋从外打破是食物，从内打破是生命；人生从外打破是压力，从内打破才是成长。几年的转型之路已经走过，我们要努力创造适合每一位学生发展的教育，创建让师生自由呼吸的学校，使学生成为更好的自己。

》陈岳

用"第三只眼"促进教师成长

老师如何能看到学生眼中的自己，如何知道老师与学生之间的关系，如何提高老师的幸福感，管理者如何看到被管理者眼中的自己……在十一实验中学，这些都离不开学校的自我诊断。学校注重自我诊断，从教师、课程、教学、资源、组织与领导、文化、安全、同伴等八个要素定期进行"体检"，以了解学校的真实状况。

我很荣幸在学校转型的第一年加入学校诊断项目组。我们讨论最多的就是如何运用好诊断数据，在学校形成良好的诊断文化，促进教师成长。

为此，我们尝试了很多方法来让教师了解诊断，参与诊断。

一、教师分享

第一次感受到数据与我有关是在2016年的春季学期，当时学校诊断组对我进行了采访。他们带给我一张打印的小纸条，上面写着我的各项诊断分数和学生给我的留言。诊断组的老师问我："你平时都是怎么做的呢？为什么学生觉得你风趣幽默？你又是怎么培养他们的自主学习能力的？"当时我才明白，原来可以利用这些数据对自己的教育教学进行反思。后来我就拿出数据认真分析，看看有哪些需要改进的地方。

2019年我担任学校诊断项目组的组长。我们决定延续优秀教师分享的制度，采取教师自荐、教研组和年级组推荐，以及参考第三方大数据等方式寻找优秀教师和进步教师，发现他们的闪光点，让他们将自己的做法以故事的形式分享出来。我们举办了一次诊断主题分享会，邀请老师们共同挖掘数据背后的真相，希望通过这种方式让老师们学会分析数据，并基于数据改变教育教学。

二、诊断培训

诊断工具是用来服务于教师的教育教学的。例如，学校希望老师们在教育教学中能为学生的自主学习提供帮助，所以在诊断工具中设置了"老师能够支持和促进我自主学习"这一评价维度。诊断工具需要得到老师们的认同。

我们邀请一些骨干教师参加诊断培训。我们提供三套工具，请老师们分析它们分别适合在哪个阶段使用：①刚刚参与诊断，诊断文化尚未形成时；②诊断初步落地，引领教学时；③诊断文化浓厚，融入校园文化时。目的是让大家熟悉并认同学校的诊断工具。

接下来，我们出示两组数据，分别是 A 老师秋季和春季学期的对比数据，与 B 老师一个学期所任教三个班的诊断数据。我们提出问题："假设您是这两位老师中的一位，您会怎么做？"然后大家分组讨论。

拿到数据后，老师们都下意识地认为这是自己的数据，非常有带入感。他们分析各班之间的差异，分析不同学期的差异，分析可能存在的各种情况，然后分析自己现在的工作。这时，每位老师都是数据分析员，他们对相同数据的分析侧重点各不相同。

事实上，教师分享是老师们基于数据对自己的教育教学工作进行梳理、总结，然后以自己喜欢的方式进行汇报的过程。有时候因为学科不同，班级学生不同，听的老师参与度不是很高，难以让所有老师感受到数据的作用。而诊断培训可以让不同学科、不同年级的老师去讨论同样的数据，大家可以各抒己见。这样我们就可以进行智慧众筹，倾听每位老师对数据的理解，借以开拓大家的思路。下次再拿到自己的诊断数据时，老师们就可以进行全面、科学的分析。

三、参与诊断工具修订

诊断工具是由学校的诊断项目组和第三方共同制定的，制定完成后才通知老师们，这样就出现了老师们不了解诊断工具的情况。因此，对诊断工具进行修订时，我们邀请了各教研组讨论并给出修改建议，希望通过这种方式让老师们认识诊断工具，提出自己的看法。然后，我们和老师们深入探讨，解决他们的困惑，达成共识。

开诊断数据分析会时，严老师提出，诊断题目不符合艺术课程对学生的要求，因此她想在新学期修订诊断工具时和诊断项目组、第三方充分讨论，尝试个性化的课程诊断。于是，诊断项目组和严老师认真探讨每一个诊断工具的用意和导向，然后和第三方商讨，听取他们的专业意见，再在教研组里进行一次又一次讨论，最终形成全新的诊断工具。

后来，严老师发现，诊断工具的修订还可以增强教研组的凝聚力。艺术教研组里有年轻教师，也有经验丰富的老教师，共同修订诊断工具让老师们在教育理念上达成共识。这也是诊断项目组的老师们没有想到的。

教师想通过分析诊断数据来提高自己的教育教学水平，诊断数据就必须真实。只在教师中形成诊断文化是不够的，还要让学生清楚诊断的意义，真实地表达自己的想法。这样，数据才更可能具有说服力。为此，我们从提高学生的参与度着手进行突破。

我们通过制作视频短片让学生了解诊断的具体作用，通过第三方访谈的形式让学生放下"我做出的所有选择我的老师都能看到"这种疑虑，通过制作能够吸引人的"招聘"广告让诊断被关注。我们还设置了"诊断专员"帮助老师们为学生答疑解惑。我们充分发挥学生的创造才能，让他们制作诊断项目组的标志，积极参与诊断。

这几年，诊断逐步得到老师们的认可。现在，老师们能够将诊断和自己的工作相结合，并主动通过数据分析来改进自己的教育教学。学生也积极参与诊断。学校的诊断文化在逐步形成。下一步，我们会继续扩大诊断的范围，把职员和管理者的工作也纳入进来。希望更多的人能关注诊断，也希望通过诊断服务更多的人。

》魏添君

在升华理念中重新找准角色定位

随着学校转型的推进，让我感触最深的一个字是"变"。教育理念在变，教学模式在变，校纪校风在变，师生风貌在变，社会和家长的要求与评价也在变。作为从教30年的老教师，我深深地感到，唯有积极适应，主动转变角色定位，才能跟上学校转型的步伐。

一、从执行者变为思行者

孟子说"劳心者治人，劳力者治于人"，这里借用"劳心者""劳力者"来阐释执行者与思行者的关系。执行者即"劳力者"，要求任务明确，只要完成就行。而思行者，即"劳心者"，不但要执行任务，而且要思考怎么执行。二者虽然只有一字之差，但层次和要求截然不同。

自学校转型以来，作为年级主任，我最大的感触就是自己由执行者转变成思行者。

之前，教学工作有教学处负责，由他们制订教学计划，组织教学活动；教育工作有德育处负责，由他们制订德育计划，安排学生活动，组织管理学生。作为年级主任，上有校长，下有班主任，自己只需支持、配合即可。

学校转型后，我深深感到，年级主任还真不是那么好当的。一是凡事都要自己拿主意。即使中考这么大的事，也是由年级主任、导师、科任教师针对学生的情况，自己制订计划和措施。二是负责年级资金预算。年级主任要考虑方方面面的因素，做好统筹规划。三是初三百日誓师会，年级主任要和第三方公司签署合同，深感责任重大。

其间，给我印象特别深的是年级的分层教学改革。老师们认为，学生的基础、理解能力参差不齐，要想解决有的学生"吃不饱"、有的学生却"消化不了"的情况，就要遵循十一学校分层教学的理念。

紧接着生物、化学学科的老师也都提出了这样的问题。作为年级主任，我必须担负起解决这个问题的责任。于是，我进行了广泛的调研，反复组织教师深入学习、理解十一学校分层教学的理念。最终，由学生按照课程目标，结合自己的实际，自主选择教学层级的改革方案确定下来。年级全体教师赞同，校领导也给予充分肯定。

以下是当时初三年级物理学科课程分层的标准，凸显了增加学生的选择性和以学生的成长为出发点的教育理念。

物理 I：学生没有主动学习的习惯，没有基本的学习方法，对物理不太感兴趣。基础知识掌握得较差，学习物理存在较大困难，处于及格及以下程度。这些学生需要老师给予更多关注并加强个别指导。老师将采取的策略是低起步，补台阶，拉着走。

物理 II：学生有一定的主动学习习惯，掌握了一定的学习方法，对物理有一定的兴趣，已经掌握了一些基础知识点，学习物理存在一定的困难，能够达到及格标准。这些学生只有在老师的帮助下才能取得更好的成绩。老师将采取的策略是重概念，慢变化，多练习。建议期中考试成绩在 60 分以上的学生选择。

物理 III：学生有良好的学习习惯，有一定的自学能力，对物理兴趣较浓，对自己有较高的目标要求，有能力冲刺 85 分及以上。老师将采取的策略是小综合，大容量，高密度，促能力。难度适当高于中考，对高中知识有一定的铺垫。建议期中考试成绩在 75 分以上的学生选择。

转型以来，特别是初三年级主任的工作让我感到，年级主任不再只是执行者，不仅要"行"，还要"思"。只有思行并重，才能胜任岗位要求，负起岗位责任。

二、从布置者变为引领者

后来，学校把初一年级主任的担子交给我。这是学校转型后全新的年级，选课走班的教学组织形式、年级分布式领导岗位、过程性评价机制等都要从头做起。暑假前我给各分布式领导布置了任务：教育顾问抓教育，咨询师抓教风、学风，课程主管排课表，小学段项目组负责人设计小学段活动，等等。

两个月后，第一届转型年级的年级主任陈岳老师来指导工作。陈老师对我们的工作给予了肯定，同时指出新的教学模式不能用旧的思维管理，要做的更多是理念的引领、教育方式的创新。现在年级工作虽然开展得井然有序，但还应该以学生的成长为切入点，推进教育方式的创新。只有这样，才能真正实现转型。

围绕"以学生的成长为切入点"，我带领老师们一起学习学校《行动纲要》，认真领会"学校永远把学生成长放在第一位，组织所有可能的资源，为学生成长服务"的内涵。最后大家达成一致：无论是教学设计还是各项活动组织，都要先考虑学生的成长点，以此预设学生的活动，并做好活动后的总结和反思。

以此为契机，我积极引导大家在理论的学习中提升转型意识，在方案的设计中沉淀学生第一的理念，在交流、反思中提升业务水平。

有一件事让我至今记忆犹新。小学段项目组负责人王老师设计了小学段的方案，从开始调研到安排小学段课程，到设置各种规则、各项年级表彰，到安排具体的课程时间，甚至到科任教师、志愿学生的职责，都规划得清清楚楚。方案非常详尽，时间安排得满满当当。一起思考、讨论时，大家觉得内容太多了。学生的时间是固定的，这样一个小学段下来，学生很忙碌，但收获不一定饱满。于是，我们和王老师一起重温《学校转型：北京十一学校创新育人模式的探索》一书，充分认识到，要把方案中学生必须参加的一些活动，改成学生可以根据需要选择的活动。查漏补缺板块，既要有学生自己的选择，也要有科任教师的参考意见。外出活动板块，一定要选择对本学科有兴趣、具有一定研究能力并能自觉遵守规则的学生参加。这样才符合小学段学生根据需要自己选择的要求。同时，要确定小学段活动的主题，因为小学段是一门课程。对外出活动板块参与学生是否设置限制条件，我们有不同的想法。我认为，外出活动必须在保证安全的前提下进行。而王老师则从学科的角度思考，认为不应该有过多限制条件。最终，我们在既要保证安全又要体现小学段中学生自由选择的原则上达成一致。

经过学习、讨论、修改，最后我们确定了以"查漏补缺、动静结合、健康快乐、活动推波"为主题的小学段课程，预设了学生的成长点：弥补知识点，开发兴趣，增强规则意识，加强伙伴合作等。后来按照方案，我们实施了小学段课程。大部分学生参与了多项活动，既收获了知识与快乐，也收获了成长。小学段课程结束后，我们进行了经验沉淀和分享，取得了较好的效果。

于是，我们要求各分布式领导用方案与活动开展工作。年级将每周四下午安排为理论学习时间，定期召开方案交流与分享会。大家一起学习，一起成长。

以教育顾问欧老师为主设计并实施的导航课程分周落实方案、以咨询师于红老师为主设计的自主学习小助手交流分享会方案等纷纷涌现出来。

我不再使用"布置工作"这个词语，而是在方案的衡量中寻找年级工作的落实点，在方案的落实中洞察学生的反馈，鼓励分布式领导在设计方案时坚持以活动为载体，融入学科知识，为学生搭建展示的平台，促进学生快乐成长。

一系列活动让我感受到，我只有从布置者转变为引领者，才能激发教师的潜能，使他们开拓创新，更多地惠及教师和学生。

三、从督察员变为服务员

年级主任是连接校领导和教师的桥梁与纽带。年级主任是领导，因为确实担负学校各项任务部署、落实、督导的责任；又不是领导，因为实际工作中更多的是想方设法帮助教师解决教学、管理乃至生活中的种种问题。学校转型后，我更深刻地认识到，年级主任的工作除了督查、检查，更多的是提供帮助与服务。

2019级初一第二学期，分布式领导各司其职，策划、上报、落实方案，固化工作……年级工作稳步推进。根据时间节点，我与各分布式领导对各项工作方案进行探讨、反复沟通，并将它们敲定。在方案落实过程中观察、协调、督促，在方案实施后反馈、总结、固化成果，感觉自己就是一名督察员。

暑假期间，我继续学习《重新定义学校》，从对课程转化为产品的思考到对教育成为服务业的再认识，我结合年级工作，思考年级管理过程中面临的实际问题：分布式领导在工作中缺乏主动性。于是，我结合学校《行动纲要》第四章《教师的职责》设计问题，一步步追问分布式领导的具体职责。

我意识到，要想让每一位教师真正行动起来，还应该从思想上提高大家的认识，统一大家的价值取向，让大家认清自己的职责。年级主任不能只靠"督察"二字来安排工作，还应该给教师装上发动机。我要努力做好服务。

有了想法就落实。统一价值取向对初二年级教师来说没有任何障碍；确定每一位分布式领导的职责、权限并对他们提出要求，他们也欣然接受。就这样，我慢慢退到分布式领导的身后。当他们需要我的时候，我就做好服务工作。当他们冲在前面的时候，我就在后面默默地观察，适时给予支持，及时给予鼓励，全力帮助他们。当教育顾问难以解决学生与教师之间的问题时，我会寻找一个切入点来帮助解决。当咨询师在年级阶段性学科活动中出现失误时，我会及时提醒并提出适切的建议。

李老师带领咨询师团队记录学生每一阶段的收获、不足、目标等，并在年级刊物《夏耕》上将老师们的教育教学成果固化下来。她遇到问题时往往都是站在咨询师的角度去思考。比如，疫情中她在工作计划里这样写道：

> 在这场延期开学的战"疫"行动中，作为教师，我说得最多的可能是"自律"二字。然而，我想通过咨询师的工作设计，让更多孩子懂得，疫情中我们更应关注学科知识的运用。我们可以和生物学科、道德与法治学科结合开展活动。比如，生物学科可以从病毒的致病机理、疾病的治疗以及疫苗研制等角度，向学生科普相关知识。道德与法治学科可以让学生学习做人的道理：人要有敬畏之心，要谦虚、克制，要与自然、他人友好相处。

李老师的工作如此详尽，她的思考达到这样的高度，让我深刻感到，改革展现了生机和活力，激发了教师的工作热情。

　　作为年级主任，我要做的不是督导，而是服务，让老师们尽显才华；不是检查，而是搭台，让老师们唱主角；不是批评，而是鼓励，让老师们迸发激情和力量。

》乔文艳

对过程性评价的认识

我校由十一学校承办后搭上了教育综合改革的列车。我在改革起始年级新初一担任分布式领导 —— 诊断与评价项目组主管。在选课走班的教学组织形式下，我们以年级为教学单位，借助网络平台系统开展学生学业评价（包括过程性评价与终结性评价）、行为规范评价与诊断工作。对我们来说，这完全是个新生事物，对要做什么工作、怎么开展工作我们一无所知。

8月初接受任务，9月开学就要开展过程性评价工作，时间紧，任务急，从哪里入手呢？首先，我们向书本求教，阅读了《非常理想，特别现实：北京市十一学校章程与制度集萃》《学校转型：北京十一学校创新育人模式的探索》《学生第一》等一系列介绍十一学校育人模式的书，初步了解过程性评价。然后，在年级主任的带领下，我们走进十一学校实地学习，向他们的老师请教。在学习中，我们不断理解过程性评价，它是育人环节 —— 评价的重要组成部分。通过过程性评价，可以及时发现学生的成长点，帮助学生看清自己，给予学生自我修正的机会，最终达到促进评价对象进步的目的。既要关注结果，更要关注过程，过程好了，结果通常不会差。关注过程，比关注结果更有意义，也更有效。

根据所学，我们开始实践与探索。首先，我们把过程性评价工作放在整个年级工作的层面上来考量，有计划、有步骤、重过程、重落实地开发过程性评价工作流程图。其次，在缺少校内技术指导的情况下，我们利用课余时间钻研、摸索，发现、掌握了学校云平台的强大技术功能，为老师们提供技术支持，使他们人人会用。年级老师也贡献聪明才智，大家齐心协力在开学前完成准备工作，新学期开学时如期开展过程性评价。

一、学业过程性评价工作

学业过程性评价不只是给出一个结论，更起着诊断、分析、指导、促进的作用。评价贯穿于整个学习过程，不仅代表一个学习阶段的结束，更代表新的学习阶段的开始。通过查阅老师给予的过程性评价，学生可以及时发现、了解自己在学习中的优势和不足。这有利于学生进行自我管理和自我调整。

（一）想要什么就评价什么

开学初，我们协助各学科备课组制定评价标准，以"想要什么就评价什么"为基点，本着"标准的制定就是对学生的引导"的原则，设置各学科评价指标，力求做到指标设置科学、适切，可操作性强，能体现公平性、激励性原则，并提醒备课组成员在教学过程中按统一标准进行评价。我们还专门制定了培训文件与流程图，供老师们参考。老师们应尽量做到每次课都进行评价，在遵循统一标准的前提下，提倡个性化评价。

我们在实践中、在解决问题中不断提高对过程性评价的认识，提升进行过程性评价的技能。有英语学科老师提出：过程性评价能不能解决学生不爱背单词的问题？老师们认为，过程性评价必须解决实际问题，否则就会成为额外的教学负担。对学生不爱背单词的问题，之前多数老师通常的做法是告诉班主任班里某某学生还没完成单词背诵。现在实行选课走班的教学组织形式，没有了行政班，怎么办？我们通过设置"背诵默写"这一评价指标来解决这个问题。运用过程性评价，通过学校云平台连接学生端、家长端，及时有效进行反馈。

过程性评价结果能不能改？作为诊断与评价项目组主管，我努力尝试怎么在技术上帮助老师们实现这一功能。经过探索，我发现过程性评价结果是可以修改的，但不能乱改。在学生通过努力不断矫正自己的偏颇，修正自己的"瑕疵"，提升自己的学业水平后，修改过程性评价，可以让学生获得认可；同时，更真切地感受到付出就会有收获。

（二）定了标准就一定要评价

定了标准就一定要评价。随着过程性评价工作的开展，年级形成了《初一年级"过程性评价"评价方案》，以期对过程性评价工作进行评价与督促，落实教师全员参与，全过程参与。我的工作更多的是协助、提醒老师们按照评价标准落实过程性评价，起到监督、引导作用。

在使用过程性评价时，我们发挥其育人导向功能，引导学生依据评价进行自我修正，努力做最好的自己。我们每月对老师们的过程性评价情况进行汇总、总结，分享优秀的过程性评价、个性化评语，利用身边的榜样带动年级老师进行过程性评价，倡导个性化评价。老师们在给学生做过程性评价时，可以根据个人习惯添加一些常用评语备注，以便在后续工作中快速选择使用。

（三）标准的制定就是对学生的引导

我们指导学生查看学业过程性评价，将此作为引导学生进步的工具。学生登录自己的账号，可以查看每一位科任老师给予自己的过程性评价，包括分值与评语。学生了解到自己的真实学习状态后，通常会及时调整状态，以取得更大进步。过程性评价工作做得好不好，关键看我们对学生、家长的引导工作做得好不好。这一工作的关键就是引导学生关注自己的过程性评价。过程性评价越全面、细化，所取得的效果就越好。

二、行为规范成绩认定

过程性评价还包括行圆分 —— 行为规范成绩认定。改革起始年级需要设定评价标准。学期初为每位学生赋 100 分，之后根据学生的行为表现加减分。

开学没多久，王同学就给我们"上了一课"。王同学由于在自习课上说话被扣了 4 分。行为规范成绩认定有加分项，为了把这 4 分"挣"回来，他主动帮同学搬书，打扫学科教室。学科教室本来有人负责打扫，但他在这儿干得火热，很快就达到了满分。他还要干，那么问题来了：行为规范成绩能不能超过 100 分？

老师们研讨的结果是当然可以。只要对学生成长有益就可以。我们在工作中遇到问题时，怎么解决？衡量、判断的标准就是是否有利于学生健康成长。我们相信，多一把评价的尺子，就会多出一批好学生。

三、学业诊断成绩管理

学业评价还包括终结性评价，主要是学业诊断成绩管理。学业诊断成绩管理主要包括：①成绩录入：在学校云平台录入考试诊断成绩、小学段游学成绩等；②数据分析：对学生的重要节点成绩进行分析；③发现、提醒：发现学习的生长点和需要改进的地方并提醒学生。

理想的学习是能及时知道结果的学习，诊断出问题与考出好成绩同等重要。诊断成绩作为引导学生的依据，是最终学业成绩的一部分，可以使学生更客观地认识自己。节点适宜、科学适切的诊断数据分析，可以帮助学生清楚地认识自己，有利于学生自我定位和寻找努力的方向。

四、为学生评优、评先提供数据支撑

月度综合百星评比（结合年级主题活动进行），行圆标兵和过程性评价标兵评比，卓越学生、优秀学生、专项优异学生评比，区三好学生、优秀干部评比，以及优秀团员评选等，是学生自己申报还是由老师推荐？是由老师推荐还是由别的什么人推荐？选课走班的教学组织形式打破了传统的班级，导师也未必了解学生获得的所有奖项，尤其是专项优异学生奖项。现实情况决定了学生自己申报最好。以学校云平台评价数据为依据学生自己申报，自己的事情自己负责。我们努力构建学生为自己负责的教育机制，激励学生追求卓越。

五、对过程性评价的认识

过程性评价可以帮助学生及时认识到自己的不足，为做更好的自己而努力；可以让学生随时收获成功的喜悦，有切实的获得感，从而促进学生发展。过程性评价可以增加师生交流的机会，有利于形成良好的师生关系。我认为好的过程性评价有以下几大特点：

第一，坚持多元化评价。我们倡导多元化评价。例如，既有学科课程的评价，也有活动课程、实践课程的评价；既有学习内容方面的评价，也有学习态度、学习习惯方面的评价；既有过程性评价，也有终结性评价。不同的评价侧重点和要求不同。比如，过程性评价主要关注学生在学习过程中学习态度、学习状态、小组合作等方面的表现，还关注课前测验、约见、实验操作等情况。

第二，确立系统的课程观。诊断与评价是课程链中的重要一环。应在明确教学目标的前提下，选择适切的教与学方式实施课堂教学，通过落实过程性评价和终结性评价，发现问题并改进，从而提高学习效益。

第三，以促进评价对象的进步为目标。应鼓励学生通过诊断与评价认识自我，明确自己的学业目标与规划，激发内在发展动力。

第四，及时评价，及时反馈。应借助学校云平台，及时进行过程性评价和反馈。这样，学生和家长就可以第一时间了解学习状态和成果。

过程性评价拉近了我们和学生的距离，可以让学生感受到付出就会有收获。在探索过程性评价的路上，我们不断发现问题，解决问题，也在发现、解决问题的过程中日臻成熟。

》孙天华

导师之"导"

在学生眼里，导师似乎比班主任更洋气；对老师来说，导师比班主任责任更加重大。学校《学生手册》里这样说，"导师重在指导，是带给你安全感的引领者和陪伴者"，从中可知导师的职责在于引领和陪伴。陪伴需要细水长流，引领需要借助方法和工具。在承担初一年级导师工作的过程中，我围绕"引领""陪伴"这两个关键词，在和学生的交往中慢慢引导他们，也很欣慰地看到他们在慢慢成长。

一、规则之"导"

（一）建立对规则的认同：校服时装走秀，寻找大家认可的美丽

多样化的校服让学生陷入选择困难，校服着装规范成为困扰老师和学生的难题。校服规范是开学初进行的"规则七日谈"的重要内容。校服穿着不规范源自学生对校服穿着规则的不认同和不理解。借这个机会，我们组织了一次"校服时装走秀"，引导学生发现规范穿着校服的美丽。我利用导师班活动时间，邀请学生熟悉的学科老师，一起拉开桌子，将教室中间当作走秀的舞台。在音乐的带动下，学生穿着五颜六色的校服，欢快地展示自己最棒的一面。视觉的冲击、音乐的感染和大家的掌声让学生看到了同伴、老师眼中"美"的标准。如此，校服着装规范就自然而然地留在

学生心中。当下的学生更加注重个性的展现，这种活动既为他们提供了张扬个性的舞台，也把规则融入他们的生活中。有了发自内心的认可，行动自然而然就会改变。

（二）树立规则的主人翁意识：让学生做规则的制定者、遵守者、守护者

经常听到学生问道："这规则是谁制定的？为什么这样制定？"我们需要思考制定规则的目的是什么：是约束和规范学生的行为吗？当然是，但又不全是。从根本上说，制定规则是为了让学生变得更加自律。学生是规则的实施者、遵守者，却不是规则的制定者。这往往会让学生难以理解并遵守规则。于是，我们向学生征集"我认同的规则"，并将这些规则修改整理成文。我们很高兴地看到收集上来的规则也有针对老师的，比如"讲事情不啰唆，条理要清晰"等。既然规则是大家都认同的，我们就约定一起做规则的守护者。于是，就有了"我是早自习主管"这一活动。每个学生轮流做早自习规则的守护者，自觉维护我们制定的规则。

二、规划之"导"

作为导师，我们一直坚持结果导向。比如，在规划指导方面，为什么要做规划，也是学生心中的疑问，教师可以让学生先带着这种疑问和困惑去学习。一周后，在导师班进行总结时，我们让学生谈这一周自习课的收获和感受。在交流过程中我们发现，学生大多属于以下两种情况：一种是上自习课前就思考和计划过这节自习课做什么；另一种是什么也没想，随便拿一本书就去上自习课。这两种情况下的学生收获截然不同。面对这种

不同，"为什么要做规划"这样的困惑便会迎刃而解。学生不喜欢被反反复复说教，这种体验式教育方式更能够引发他们主动思考。

接下来就是如何做好规划。首先，应尊重学生的差异和主动权，先让他们自己选择做规划的方式和方法，同时要考虑个别学生的需求。我们提供自主时间规划表，指导学生学会自主规划时间。

最初学生的规划做得很简单，每一节自习课的规划表里只简单地写着几个字，比如"写作业""读书"。这也是进步，说明他们已经开始有意识地安排自主时间了。接下来就是对规划的细化。不能每节课都是"写作业"，不能只要有空闲时间就"读书"。我们引导学生用好"自评"：每天都要静下来反思，看看自己这一天的规划是否完成了，完成的效果如何。这时候，仅仅依据"写作业""读书"这种笼统的规划是无法进行自我评价的。于是，有的学生开始细化自习课的规划。比如，完成语文作业的哪一项，完成数学作业的哪一部分，或者读哪本书的哪几页。规划细化后既可以很好地用于评价，也让学生在自习课上过得更加充实。

三、目标之"导"

目标是激发人们内动力的有效工具。

初一的学生，目标意识不强，他们习惯了由父母和老师安排。他们对自己初中的学习，往往没有什么预期。为了引导学生更好地认识自己，建立对自己的期望，我们在导师班里组织了"确立我的小目标"活动。

我们让每个学生把自己的目标、不足、原因以及对自己的期待等都写下来，并且告诉父母（由父母签字确认）、同伴（贴在教室里），引导学生从盲目跟从过渡到理性地认识自己，理性地看待自己的优势和不足。

这是学生升入初中以来，第一次静下心来比较全面地梳理自己、认识自己，出现偏颇是难免的。但我们想通过这种方式，让每个学生意识到："我是一个独立的个体，学习是我自己的事情，我应该对自己有期待。"

自己的目标对有些学生而言是认识不清的，而初一学生好胜心强，喜欢跟同伴比较，我们借机让学生寻找身边的榜样，开展"我要超越他"活动。这样做能让学生互相监督，互相促进，与同伴一起进步。

四、习惯之"导"

学生学习习惯的培养需要家庭、学校持续坚持。为此，年级组织开展了"坚持 21 天，养成一个好习惯"活动。

这个活动使学生不但拥有了一个可以长期坚持的好习惯，同时找到了能够共同进步的小伙伴。

打卡记录表是用来监督学生养成习惯的。由伙伴、老师、家长共同监督，每天完成打卡后学生签字确认。第一周导师班采取了"同伴总结"的方式，每个学生由监督自己的伙伴为自己写一份总结报告，总结自己这一周的坚持情况。于是，便有了各式各样的"同伴总结"。第二周是"自我总结"，即自己总结、介绍自己的习惯坚持情况，形成"自我总结"报告。

五、自我认识之"导"

初一年级整体的教育主题是"发现最好的自己"。围绕这一主题，我们开展了许多活动，旨在引导学生逐渐完善自我认知，发现自己的闪光点，并扬长避短，不断进步，走向优秀。这里的"最好"不是别人眼中的最好，而是自我认识。自我认识也是激发学生内动力的基础。根据年级组织的主题活动，我们利用各种机会创造学生自我展示的舞台。此外，学生的成长也需要父母和同伴见证，因此我们利用活动创造学生与父母、与同伴交流的机会。

"发现最好的自己"主题演讲是导师班内第一次演讲活动，主要内容为学生和大家分享自己在第一学段里做得最好的一件事或一个方面。我们担心学生不知道说什么，于是围绕年级的关键词为他们列了一些可以借鉴的角度。学生的演讲出人意料，他们的思路非常开阔，从"体育课上的一次跑步比赛"到"一个学段没有扣行圆分"，从"第一次帮助妈妈扫地"到"第一次取得单科成绩第一"，很多角度都涉及了。学生分享的故事有大有小，但都很真实。学生真心地将自己认为的"经验""方法"分享给大家，他们心中留下的是喜悦和认可。我们把学生的精彩表现用视频保留下来发给家长。这得到了家长的赞赏。许多家长从这次活动中发现了自己从前不知道的孩子的闪光点。

六、信念之"导"

我喜欢跟学生走得近，比起"毕老师"，学生更愿意叫我"毕爷"。他们认可我，信任我。我也发现，学生很在意导师对他们的期待。很多时候，他们不愿意辜负导师对他们的期待和希望，即使行为习惯较差的学生也一样。

多数班级都是以表彰会结束学期，而我的导师班往往在分发礼物中结束。我给学生的礼物是经过精心挑选和准备的，每个人都不同，可能是一张小卡片，也可能是一个小工具。礼物虽然不贵，但都是我对每一个学生的期待和希望。我通过这种方式把我的期待告诉他们，相信他们能感受到。我也希望这能成为他们一段时间内的一份信念和坚持。

常常庆幸自己能够在成为教师的第一年就加入十一实验中学这个集体。作为初一年级学生导师的这一年，我是摸着石头过河。希望我的这些"小聪明"能带给学生一点点成长。这一年也是自己成长的一年，我得到了各位前辈的帮助和支持。期待未来能做更多学生的导师，引导他们进步，陪伴他们成长。

》毕文凯

高中三年转型之路

刚刚被学校聘为高一年级主任的我接到了教务处赵主任的电话。赵主任说，学校新高一拟采取选课走班教学组织形式。

听到这个消息，起初我没什么想法。我做年级主任 9 年了，从初一到高三都做过，觉得这是小意思。

第二天我找出《学校转型：北京十一学校创新育人模式的探索》（以下简称《学校转型》）一书，想了解一下十一学校育人模式和选课走班教学组织形式，没想到越看心里越不踏实，压力越大。后来我给崔校长打电话，希望跟他谈谈。我觉得这个工作自己干不了，想请校长另请高明。崔校长耐心地听我说了困难和想法后，鼓励我坚持做下去。

自此，我和团队开始了高中三年的转型之路。

一、高一：且行且思求蜕变

（一）最忙碌、最忐忑的暑假

2016 年 7 月 26 日，高一年级召开第一次教师会。大家共同学习《学校转型》中有关选课走班的内容。

7 月 28 日，去十一学校找时任高一年级主任田副校长请教，向他进一步了解选课走班和分布式领导的设置等实际操作问题。

7月31日，召开主题为"转变教育理念，发现学生潜能"的第二次高一年级教师会，宣布本年级计划设置的分布式领导岗位。

8月10日，确定本年级分布式领导人员。

8月11日，第三次高一年级教师会召开，进一步明确分布式领导的职责，布置迎接学生入学相关事宜。

8月12日，迎接新生，召开学生会和家长会。

8月15日至21日，高一年级全体师生到军训基地进行国防教育。

8月27日，再次召开年级教师会，统一思想，明确年级教育目标。

至此，高一年级教育教学工作全面开展起来。

（二）依靠集体智慧，帮助学生不断进步

学校《行动纲要》第25条提出："尊重规则和秩序，不随意侵犯他人的自由权利，要尊重父母家人，尊重老师长者，友善同学，学会用谦恭的态度与人交往。"

高一学生来自多所初中学校，脾气、秉性各异，再加上到了新的集体与环境，面临集体生活、教学方法、学习任务、学习方法、自我认识等多方面的不适应，难免会出现这样那样的问题。

学生出现问题时怎么办？我们利用每天下午的大课间召开分布式领导碰头会，发挥老师们的智慧，大家共同出主意，想办法。在碰头会上，大家达成共识：要允许学生犯错，因为学生在学校犯错，代价最小。有了这个共识，遇到问题时我们就能心平气和地与学生交谈。这样，虽然学生不断犯错，但教师都能很好地解决问题。

二、高二：在摸索中砥砺前行

学生升入高二后，由于老校区校园进行改造，学校开始分散办学，高二年级需要到亦庄实验中学上课。封闭式管理又是新挑战。为了让家长放心，为了让学生安心住校学习、生活，我们想了各种办法。

（一）根据工作需要，调整分布式领导的设置

经过一年实践，我们感到咨询师作用不大，于是取消了咨询师岗位。为了加强管理，我们设置了常规管理主管，负责学生的日常行为规范工作。例如，校服的穿着，上课迟到、早退的管理以及行圆分的统计等。

（二）制定各种规章制度，落实日常行为规范

学校《行动纲要》第 44 条提出："重视日常行为规范落实。重视起始年级、起始学科学生习惯养成的战略作用，梳理不同年级应该强化的不同习惯，帮助学生逐一养成。"

利用家长参观学校的机会，年级各位分布式领导向家长宣讲相应的常规管理、手机使用规则、自习管理、住宿管理条例等。家长对此表示满意。

规章制度要让每个学生知晓和遵守。学生到达亦庄实验中学的第一天，各位导师利用自己的导师会时间向本组学生宣讲各项规章制度。虽然感觉规章制度比较严，但学生表示理解和接受。

（三）密切家校联系，赢得理解和信任

学校《行动纲要》第 4 条提出："为了每一位学生的成长，让教育真

实地发生，不放弃每一个学生，不抛弃每一个学生。全员育人，全程育人，全科育人，全方位育人。"

家校应密切联系，及时沟通。老师如果平常与家长沟通比较多，当学生出现问题时，就更容易得到家长的理解和支持。

新学年还要继续分散办学，没有家长反对，他们还纷纷写下感谢老师的文字。高二临近暑假时，有位爸爸在年级家长群里发了一条信息："今天从老校区经过，看情况下学期是不是还得在亦庄啊？"看到这条信息，老师们非常紧张，担心家长不理解。后来了解到这位家长已经很认可孩子在亦庄的学习，大家长舒了一口气。

三、高三：不唯高考，赢得高考

学生升入高三，面临高考。高中综合教研组组长毛老师在开学初高三教师会上提出以下三点。

第一，每位教师要合理规划自己的教学。要明确阶段任务，持续推进工作。应确定成绩目标，明确自己的任务。应根据高考说明，细化高考考点。应加强集体备课，制订长期、短期的教学计划，并落实到周。

第二，为了学生的发展，召开个性化家长会。

几年前，我校一位老师去某中学开家长会，回来后对我们说："家长会的内容有三分之二实际上跟我们没有关系，那是给上清华、北大的孩子家长讲的。"想起这位老师的感受，再加上我们远在亦庄上课，家长到亦庄开会太远，学院校区和红瓦房校区空间狭小，不具备召开大型会议的条件。于是，我们借鉴十一学校育人模式，向家长发出了通知。

各位家长：

大家好！

期中考试结束了，为了让您更好地了解孩子的各项情况，年级决定采取一对一的家校沟通方式。有多种方式供您选择：可以来亦庄实验中学，可以周六到红瓦房校区，也可以通过微信与老师沟通。具体的沟通方式，您可以与孩子的导师联系确定。

通知发出后，家长有来亦庄与老师沟通的，有到红瓦房校区与老师沟通的，也有通过微信跟老师交流的。事实证明，对这样有选择的沟通方式家长很满意，他们认为针对性强。老师们虽然花了很多时间跟家长挨个沟通交流，但大家都觉得这个时间花得值。

第三，打造适合学生个性化发展的学习方案。

学校《行动纲要》第47条提出："让多元化的评价始终与教学过程平行。"每次区统考后，我们都对每一名学生的每一个学科学习情况进行分析，以柱状图形式呈现出来。这样做可以精准定位，量身诊断，打造适合学生个性化发展的学习方案。经过全体师生的共同努力，在生源没有多大变化的情况下，一本上线人数大幅增加。

三年的高中转型之路，我们走得非常艰辛。但是，十一学校的选课走班经验为我们指明了前行的方向。我们有困惑时就找出《学校转型》《非常理想，特别现实：北京市十一学校章程与制度集萃》《学生第一》《北京市十一学校行动纲要》等进行学习，寻找方法。

随着《北京十一实验中学行动纲要》的诞生，我们的转型有了更多依据。

》杨玉红

学校转型的路径选择

2016 年 8 月 13 日 9 时 20 分，在热烈的掌声中，"北京十一实验中学"崭新的校牌挂在了校门上。这块校牌宣告一所老校正式进入新的发展时期。

这样重要的时刻，如何纪念？很多人是带着好奇来期待一场隆重的挂牌仪式的。没想到，这次借新生报到机会举行的挂牌仪式，却是简单自然又热情洋溢的。没有主席台，没有固定的座位，没有邀请领导，没有校长致辞，没有明星助阵……有的只是学生主持、教师代表、一名学生和同校毕业的母亲共同揭牌的过程。整个仪式只用了 20 分钟。

挂牌仪式的场景深深地印在每位师生的心中。挂牌仪式也是学校转型的发端。

学校为什么要转型？因为原有的组织结构、运行方式等已经不能适应教育发展形势。所以，学校要进行系统性、跨越性、长期性的转型，要在观念、组织、流程、人员能力等方面做出变革。依赖经验和直觉的方式已经无法奏效，现在我们需要一套科学的方法论。

举行挂牌仪式，标志着学校开始向十一学校育人模式转型。几年来，我们主要做了以下探索。

一、建立师生导向的组织结构

学校是一个社会组织，以某种方式将其成员聚在一起，赋予他们各自的职责，确立联络、沟通的方式和原则，使他们各安其所，分工合作，共同完成育人任务。我国学校内部的组织结构脱胎于科层制行政管理体系，整个学校系统中有不同水平的决策层。组织结构中处于最下端的是教师和学生个体，然后为年级组、教研组，再到各职能处（室），再到副校长，处于最高层的是校长（见图5）。

图5　科层制下金字塔式组织结构

《北京市十一学校行动纲要》提出，学校将尽可能压缩组织结构层级，减少无效劳动，让师生的需求以最快的速度得到反映；学校将通过调整组织结构，使各层级的管理跨度处于一个合理的范围。学校实施扁平化管理模式，副校级的干部都要兼一个年级或部门的主管。是"主管"，不是分管，因为分管容易增加层级。这样，教师、学生的事就可以直接进入决策层面。图6为北京市十一学校扁平化管理结构图，与图5科层制下金字塔式组织结构相比，管理层级明显减少。

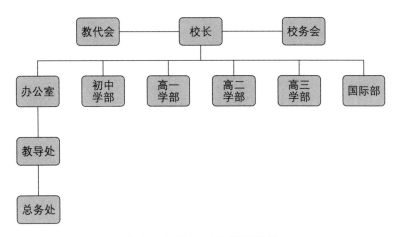

图6 学校扁平化管理结构

能调整管理结构解决问题,就不调整制度;能调整制度解决问题,就不开会。按照十一学校育人模式的组织结构要求,我们调整了学校的组织结构。

副校级干部兼年级主任,减少一个管理层级。副校级干部兼年级主任,是年级实质性的主管。年级是独立的组织单元,年级主任全面负责年级的教育教学质量。年级是独立的财务预算和执行单位,年级主任具有人权、财权、物权。年级主任同时是校务委员,既是决策者,又是执行者。这样的组织结构以师生为导向,能快速响应师生教育教学方面的需求,从而创造以学生为本、以教育教学为中心、以质量为目标的文化氛围。

各职能处(室)从管理部门转变为服务支持部门。学校原有的教学处与德育处合并为教导处,教导处、总务处、办公室实现职能转变,从管理部门转变为服务支持部门,服务于师生教育教学方面的需求,支持各年级的教育教学活动,使学校组织结构进一步扁平化。

从"管理"走向"领导"。领导采取经常与组织成员在一起、与组织成员建立关系、注重个体关怀等措施,使组织成员获得满足感,调动组织成员的积极性和创造性，激励组织成员全心投入，从而产生组织变革的动力。学校组织结构由金字塔式变为扁平化，形成了多个集决策、管理、执行于一体的、低重心的组织系统。

我们借鉴明茨伯格在《卓有成效的组织》一书中所呈现的组织五大组成部分，使学校组织结构向图7所示发展。

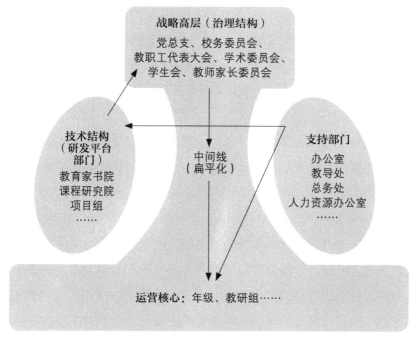

图7 学校组织结构

这个组织结构成功解决了管理岗位的新定位、新职能不明确的问题，重塑了部门上下级关系。比如，课程研究院作为技术结构部门，最重要的职能是课程方案的制定、课程产品的研发，而没有多少日常管理职能。再如，教导处不是权力部门，而是支持部门，对它的要求自然是把服务和支持做好。

二、化整为零,项目式推动学校转型

十一学校育人模式包括选课走班的教学组织形式,分层、分类、综合、特需、顶层设计的课程体系,扁平化组织结构,基于标准的学习系统等四部分主要内容。每部分又分为若干个点,是一个完整的体系。那么,怎样才能让这个体系在学校落地呢?

面对十一学校育人模式,就如同面对一座大山,我们只能一步一步地攀登,从一个一个点做起,让一部分愿意做的老师先做起来,从而带动更多老师参与进来。我们采用项目推动的方式,把十一学校育人模式划分为若干个项目,从点到面地做起来。

当课程成为学校的产品、"研发"成为学校的流行语、课程研发成为学校课程建设无法回避的内容时,我们成立了学校课程研发项目组,吸收对课程研发有兴趣的学科老师参加。参加项目组的老师先跟十一学校的老师学习,参加十一学校每学期一次的封闭课程研发。经过四个学期四次封闭学习后,学校课程研发项目组开始独立研发课程。项目组逐渐发展成为课程研究院,负责学校课程方案的制定。学科课程方案逐步实现校本化,课程研究院在2018年寒假、暑假两次完善课程方案,并研发了与课程方案配套的资源,研发了学生读本35种。2018级初一学生全部用上了学校课程研究院研发的读本,学校实现了从拿来到独立研发的转变。

学校成立了7个一学期以上的长期项目组,如基础诊断项目组、命题诊断项目组、行动纲要项目组、游学课程项目组等;成立了5个一学期以内的短期项目组,如学校章程项目组、狂欢节项目组、开学典礼项目组、年会项目组等;成立了学术性民间组织 —— 课程研究院和教育家书院;成立了学术性权力组织 —— 学术委员会。全校共有105人参加各项目组,半数以上老师参与推动了学校转型。到2018年秋季,学校全部实行选课走班的教学组织形式。十一学校育人模式四部分主要内容有三部分已在学校落地，另外一部分内容 —— 基于标准的学习系统，正由相关项目组进行研究。

对项目组进行动态管理。某项目工作全部完成后，项目组就解散。该项目的工作质量评估会被纳入全校统一的激励机制中。

以项目组的方式将工作化整为零，也就是将工作化难为易了。在这一过程中，老师们充分感受到每一步的成就。这些成就汇集成前进的动力、改变的信念。这一过程也让我们深深地体会到，完全可以自下而上地改变观念，用实践、用行动、用事实实现自我更新。

十一学校教育年会是"十一"盟校教师展示教育教学成果的舞台，是交流学术成果的盛会。2016年秋季年会，我们刚刚起步，只有1张海报在年会上参展。2017年秋季年会，学校转型一年，参展海报数量达到56张。老师们在制作海报的过程中，回顾自己的探索过程，整理自己的思路，梳理自己的成果；在年会上面向盟校乃至全国的同行分享自己的收获。这一过程也树立了我们的自信，坚定了我们转型的决心。

怎么把老师们的56张海报成果固化下来呢？地理学科教师孙天华建议出一本书，这是个好主意。于是，孙天华老师成了该书主编，47位老师成了该书作者，他们又用了一年的时间，对44篇文章做了补充、修改。该书取名《一所学校的教育蜕变》，由中国人民大学出版社出版。我们将它作为2018年十一学校教育年会和十一实验中学教育年会的礼物，奉献给每个参与学校变革的人，向他们致敬。

三、多元培训、多维平台，为学校转型提供持续动力

学校借力十一学校和其盟校，实施教师轮训计划，助力教师转型。

十一实验中学是离十一学校本部最近的一所盟校，乘公交只有4站地，骑自行车只需15分钟，这为老师们的学习、教研、交流提供了方便，十一学校成为我们最大的资源。我们与十一学校对接，年级、学科、项目组、教师个人分头对接，聘请十一学校名师做老师们的导师，实现一对一培养。

从2016年秋季开始，我们实施了教师轮训计划。新招聘的教师必须在十一学校或其盟校参加培训，合格后才可以聘任上岗。2017年秋季，学校借校舍改造、高中暂缓招生的机会，派更多教师到十一学校轮训。我们计划用六年时间，把学校原有的老师派到十一学校或其盟校轮训一遍，每人轮训不少于一个学期。轮训分为顶岗轮训和跟岗轮训。顶岗轮训者独立承担一定量的教育教学任务，跟岗轮训者协助导师完成教育教学任务，独立承担分布式领导岗位的工作。

2016年轮训教师9人，2017年轮训教师7人，2018年轮训教师18人，他们回校后，成为种子教师，成为骨干力量，成为带头人。他们传播了十一学校的育人理念，传播了十一学校教育教学的具体做法，使十一学校育人模式在我校扎实落地。轮训教师说："十一学校就像一个热炉膛，走进十一学校，教育改革的激情就被点燃了，自己也被锻造、提升，成为十一学校模样的教师。"

校内自培，激发教师转变的内动力。领导者要成为下属的培训师，把培训作为一种领导方式。通过开会、布置工作实现领导，这种我们习惯的做法行政味道浓烈，效果不佳。学校是学术性组织，更多地要靠学术的力量实现领导，其中一个办法就是把培训作为一种领导方式，让领导者成为下属的培训师。惠普公司从董事长、总经理到部门经理都是培训师，形成了一整套课程体系，创建了惠普课程，形成了惠普文化。从制造产品到输出标准和文化，造就了一个企业的辉煌，值得我们学习借鉴。

首先，校长要做干部的培训师。每学期开学前和结束后，校长都要利用假期对干部进行培训。围绕转型内容、教育教学中心工作、学期重点工作、存在的突出问题等设计培训课程，明确培训目标，确定核心任务，制作工具，设计活动，让每一位受训者参与其中，动脑、动手、动嘴，分享自己的思考和实践，贡献自己的智慧和成果。例如，为了落实"以学生为中心"的理念，培训前我们设计了一个工具，其中有两个问题：①请写出您熟悉的十位学生的名字；②在十位熟悉的学生中选取一位，分享您与他的交流故事。培训中我们设计了三个环节：①自己利用工具完成以上两个问题；②在小组内分享；③每组选取两位代表在全体人员面前分享。这样做，一是为了引起干部对"以学生为中心"这一理念的重视，使他们全面深入地理解其内涵；二是为了帮助干部找到把理念转化为行为的路径和办法。我们每次培训都有这样的内容，坚持做了三年，这一理念逐步落地。领导者心中有了学生，管理方式自然就会改变，学生马上就会感觉到，这样才会有育人的效果。

其次，干部要做教师的培训师。校长的做法影响到干部，他们效仿校长做老师们的培训师。教导主任赵黎燕，苦于教导处头绪多、事务杂。靠开会讲道理、提要求，效果不佳。于是，她做起了部门培训。每学期举行一次专题培训，教导处人员一起梳理痛点，查找问题根源，明确职责，再造工作流程。三年下来，教导处的人员少了，管的事多了，工作顺畅了，师生的满意度也逐步提高了。

初三年级主任陈岳，把教学成绩分析会做成了培训。他培训教师学会使用"5个为什么分析法"，从矛盾主导方入手，寻找主观原因，沿着主体追问。一个回路：难道"这样"，就不会"那样"了吗？两种思维方式：一是这个问题背后，你的问题是什么；二是打破"应该"思维，突破路径依赖，没有人"应该"按照你的思维去做事。他设计了一个工具，其中有四个问题：①通过本次期末诊断成绩分析，请您站在年级学科角度，分析一下您对哪些点满意、有惊喜，对哪些点不满意、有遗憾；②剖析一下背后的原因；③思考您将用什么方法解决这些（个）问题；④思考您在使用您的方法解决这些（个）问题前，需要准备哪些资源。对每一个问题的回答都以备课组为单位。备课组先讨论，再将回答写在白板上展示给全年级教师。陈岳在老师们讨论的过程中进行个别沟通与指导，既引导老师们利用"5个为什么分析法"剖析真问题，找到解决路径，又分享和开拓不同组老师的思路，使全年级老师在培训中找到研究教育教学问题的方法与策略。最后，老师们通过回答问题④明确自己的任务。由于这些任务是老师们自发提出的，与传统的年级主任利用会议布置工作任务截然不同，效果自然也就不可同日而语。

教给老师们分析成绩的思路、方法，帮助老师们学会使用工具，让他们众筹智慧，利用掌握的思路、方法、工具，看到成绩背后的问题及其原因，从而找到解决问题的方法、策略、措施。这改变了一人说众人听、就分数论分数、就现象议现象的做法，让老师们耳目一新，心明眼亮。初三年级的这一做法，被其他年级学习借鉴，受到老师们的欢迎。

最后，为教师搭建多维平台。培训的最高境界是自培，转型的最好办法是自悟。每一位教师都是一座富矿，我们要挖掘其潜能，为其搭建平台，实现教师互培和自培。学校建立学术性民间组织，为教师搭建展示的舞台。

在十一实验中学，"教学沙龙"两周一次，让老师们分享教学中的思考和做法，研究教学中的困惑和痛点。"读书沙龙"两周一次，让老师们互相推荐书目，分享书中的观点，交流读书感悟，推动教师读书，带动学生读书，让读书成为师生的自觉，让学校成为读书、写书、用书的场所。"名师讲堂"每月一期，让老师们把学之所长、研之所长，分享给其他老师和学生，使他们在影响他人的同时，也促进自己的思考。教育年会每学年一次，在学年初举行，集中展示老师们上一学年的研究成果，从而开启新学年的征程。年级刊物记录下教师转型的足迹，初三年级的《行思录》

已出版 7 期，近 19 万字，全程记录了这个年级自 2016 年 7 月转型以来的思考与实践；初二年级的《寻远》、高三年级的《蜕变》、轮训教师的《习得》、青年教师的《心声》等，也都成为教师自培的平台。

　　搭建教师培训的舞台，让能者为师，长者为师，好者为师。这既促进了培训者的转型，又带动了其他教师的转型，从而形成一种氛围、一种生态、一种文化。这就是十一学校育人模式的样态。

　　李希贵校长有个说法：管理的目的是让每一个人都成为自己的 CEO。简言之，管理的全部努力都是为了激发每一个人的主动性、积极性和创造性。在学校转型这篇大文章里，除了保持学校发展战略目标的前瞻性，更多的是研究人的激活与文化的激活。十一实验中学用三年时间基本完成了阶段性的任务，全体教职工正朝着这个方向充满信心地继续前进。

》崔京勇

编后记

2016年，学校由北京市十一学校承办，施行"十一学校育人模式"，开始转型。2017年，校舍改造破土动工。2022年，新校园里开学典礼的钟声响起。

六年多来，转型路上，尽管有迷茫，有挣扎，但我们不断经历思维碰撞，坚持推陈出新，逐步走出了一条适合我校校情、学情的教育教学之路。老师们从认真学习、研究十一学校育人模式，逐渐发展到深入研究课程，研究从教走向学，积累了不少经验。

全校教师全力深耕教育教学。一堂课应该怎么设计，应该怎么上，怎样才能激发学生的能动性，怎样才能更好地渗透学科核心素养……对每一个具体问题，老师们都殚精竭虑。从课程的顶层设计到大单元教学的整体设计，再到具体学习目标的制定、学习任务的设计，身处学校转型进程中的每一位老师都尽心尽力地进行思考和探索。本书所收每一篇文章的作者，都是这些不平凡日子的见证者、参与者、记录者。

成书过程中，我们收获了来自众多老师的鼓励与帮助。同时，感谢学校领导对本书出版工作的珍视与支持。

行则将至，做则必成。这些有益的积累与沉淀，将化为老师们继续前行的动力，使他们能更好地为学生的成长服务。

殷中欣　马洁颖